UNE COMMUNE
DE
L'ANCIENNE FRANCE

MONOGRAPHIE
DU VILLAGE DE ROGNES

PAR

Mlle MARIE TAY

> « Chaque communauté, parmi nous,
> est une famille qui se gouverne elle-
> même, qui s'impose ses lois, qui
> veille à ses intérêts. »
> *Parlem. de Provence.*

MARSEILLE
TYPOGRAPHIE ET LITHOGRAPHIE BARLATIER-FEISSAT
Rue Venture, 19.

1885

UNE COMMUNE

DE

L'ANCIENNE FRANCE

MONOGRAPHIE

DU VILLAGE DE ROGNES

PAR

Mlle MARIE TAY

> « Chaque communauté, parmi nous,
> « est une famille qui se gouverne elle-
> « même, qui s'impose ses lois, qui
> « veille à ses intérêts. »
> *Parlem. de Provence.*

MARSEILLE
TYPOGRAPHIE ET LITHOGRAPHIE BARLATIER-FEISSAT
Rue Venture, 19.

1885

A Monsieur Charles de Ribbe,

Cette Monographie est respectueusement dédiée par l'Auteur.

UNE COMMUNE DE L'ANCIENNE FRANCE

MONOGRAPHIE

DU VILLAGE DE ROGNES

TOPOGRAPHIE DU VILLAGE DE ROGNES

Le village de Rognes s'élève entre 13°-14° de latitude et à 323 mètres d'altitude, sur les versants est et sud du Foussa, au milieu de la Trévaresse (1) et des Costes. Le voyageur qui, du haut de la Trévaresse, le découvre pour la première fois, le prend d'abord pour un superbe castel couronné par des jardins suspendus et comme accroché à la barrière dénudée du Luberon. Ces entassements de rocs, de murailles en ruine surmontés d'un vert diadème d'amandiers, protégés au Midi par un banc de roches tourmentées et bouleversées qui ressemblent à une jetée naturelle, tout cela, éclairé par notre beau soleil de Provence, saisit l'imagination et produit un aspect grandiose. En approchant du village, l'illusion disparaît; ce ne sont plus que des toits montant les uns sur les autres, s'échelonnant sur les flancs du Foussa (2), qui montre ses excavations dominées par un mur, seul debout sur le plateau.

Tout ce qui respire la solitude des ruines, la noblesse du sang, les parfums de notre vieille foi, tout ce que le temps

---

(1) La Trévaresse est comprise entre la plaine de la Durance, le vallon de la Touloubre et la dépression du canal de Craponne. Sa direction générale est du nord-est au sud-ouest. — A. Joanne.

(2) Voir l'étymologie de ce mot, Ch. Ier, parag. 2.

a paré des fleurs du souvenir, cache pour nous un attrait irrésistible. Les gloires d'un passé, grand à divers titres, captivent notre âme, et, malgré tout, il nous plaît d'en parler dès que nous en découvrons les plus faibles vestiges.

Je n'oublierai donc point ce que l'on aperçoit du Foussa, comme une voile en pleine mer.

C'est, du côté de l'orient, le *Podium Sanctæ Reparatæ*, avec son souvenir de l'humble pénitente qui envoya ses parfums de piété à nos ancêtres, les habitants du *Castrum de Ruinis*.

Au midi, s'allonge la Trévaresse, où les Romains avaient fait plusieurs établissements ; mais là aussi, ce qui nous intéresse encore, ce qui revit malgré la dévastation des âges, ce sont les grottes des solitaires et les chapelles qu'on y retrouve. Dans une de ces vieilles et modestes chapelles aimées, au milieu d'une forêt de pins, et sur les limites de la commune de Rognes on a retrouvé (1) une magnifique pierre tombale, en marbre blanc, sur laquelle est gravée une inscription en latin très abrégé et si fruste, qu'elle n'a pu être déchiffrée qu'après un estampage ; un fragment longitudinal manque à l'inscription. Nous devons sa *restitution* et son *complément* à la bienveillance si exquise d'un maître dans l'art de l'épigraphie, à l'honorable M. Blancard, notre premier archiviste. Nous sommes heureux de lui adresser l'hommage de notre vive reconnaissance et de pouvoir reproduire ici ces lettres romaines, suivies de leur traduction.

SEX· IVLIO· SE *x· f·*
VOL· VERINO· *fl a*
MINI· AEDILI· *mu*
NERARIO· PAT· *ri·*
TRIVM· DECV *rio*
NVM· CVM· FIL *iis*
VIVS· SIBI· FECI *t.*

Sex(to) Julio, Sex(ti) f(ilio),
Vol(tinia tribu) . . . . . .
. . . . *viv(u)s* . . .

(1) Nous disons retrouvé, car la reproduction de ce texte ancien existe à Paris et à la Bibliothèque Méjanes, d'Aix.

PIERRE TOMBALE DE ROGNES.

A. Sextus Julius, fils de Sextus, de la tribu Voltinia, Verinus, Flamine, Edile, Munéraire, père de trois décurions, avec ses fils. — Il s'est fait ce tombeau de son vivant.

Au nord, c'est la Roque, dont la *Sylva cana* « forêt antique » se trouva le berceau. Parlant de ce pays, nous ne pouvons omettre que nos aïeux les plus maltraités par les Ligueurs, passèrent les Costes et dotèrent la Roque de leurs nombreuses familles ; en sorte qu'il prend dès lors le titre d'*Ante Roynas* : vis-à-vis Rognes (1). En effet, la Roque d'Antheron fait, pour ainsi dire, le pendant de Rognes, sur l'autre revers de la montagne des Costes.

Un de Forbin possède actuellement à Caire un manoir ; nous nous rappelons avec plaisir que la même famille, ce *genus electum*, cette *gens sancta*, a toujours eu pour Rognes une bienveillance particulière (2). Notre église conserve des reliques apportées de Rome, au XVIIe siècle, par Melchior de Forbin, dont les possessions touchaient à notre commune du côté de Laroque, tandis que celles des Janson s'étendaient près de Valfère.

Enfin, au couchant, dans un site pittoresque et rapproché de Rognes, se trouvait, d'après plusieurs auteurs (3) un marché établi par les Grecs de Marseille et où ils se rendaient pour trafiquer, à certaines époques de l'année. Peu à peu, il se forma dans le lieu où était ce marché, entre Rognes et Lambesc, un bourg, dont Saint-Eldrad fut le seigneur. Ce saint a dû certainement venir aux Cannes, évangéliser les chrétiens du IXe siècle ; de son côté, la colonie des Cannes, devait fréquenter le Bourg du Marché (4).

Nous aimons à nous représenter ces relations ; d'ailleurs, Saint-Eldrad est presque notre compatriote, car son noble patrimoine s'étendait jusqu'à Saint-Paul (5).

Après avoir montré Rognes entouré de ces floraisons

---

(1) D'*Ante Roynas*, on fit ensuite *Anterona* et *Antheron*. Statistique des Bouches-du-Rhône.
(2) Voir ch. VII, parag. 2.
(3) Millin, le comte de Villeneuve, etc.
(4) *Oppidum Amboliacense*, c'est-à-dire Bourg du Marché. *Ibid.*
(5) Domaine situé sur le terroir de Rognes.

surnaturelles qui, des quatre vents du ciel, lui envoyaient leurs divins parfums ; après l'avoir montré dans son encadrement naturel et historique de riches souvenirs qui plaisent à l'intelligence, il ne sera pas hors de propos, peut-être, de donner quelque notion de l'état présent du village.

Les ramifications de la Trévaresse, colline du Rup, de Saint-Christophe et de Valfère s'étendent de la butte du Signal jusqu'à la Durance, où le vallon se termine en fer à cheval. Ce lambeau de vallon, tout Marseille le connaît, au moins de réputation, c'est le bassin Saint-Christophe au delà duquel se trouve Saint-Estève-Janson. Dans le même alignement des ramifications et tout-à-fait au levant de Rognes, se dresse le *Podiolum* (coullet pounchu) dont la tête couronnée de pins se dessine de bien loin. Les limites du terroir furent fixées le lendemain du départ des Maures ; proportionnément à la population, ce terroir est très vaste ; sa superficie est de 5.821 hectares, il a deux lieues de diamètre et six de circonférence. Il est à 49 kilomètres de Marseille et à 19 d'Aix. Rognes a eu jusqu'à 2.000 habitants ; la bureaucratie et les apparences de vie plus facile dans les grands centres, ont dépeuplé les campagnes, et aujourd'hui il ne compte pas plus de 1.500 habitants.

Les carrières de pierre de taille qui forment la principale base du sol, sont aussi la seule exportation du pays : on en extrait environ 10.000 mètres cubes par an. Le sol contient encore des couches de molasse coquillère, des calcaires et des calcaires sablonneux. Aux environs de Beaulieu, se trouvent des grenats, du mica, du feldspath, là, les cailloux calcinés indiquent un volcan éteint, il est situé entre 14°-15° de latitude, dans la Trévaresse, aux sources de la Concernade, ruissseau qui baigne Rognes, Lambesc et se jette dans la Touloubre, près de La Barben.

Le terrain le plus fort est à Beaulieu, ainsi que dans la partie formée par des marnes blanchâtres qui s'étend à l'orient : les vallons sont riches en humus. Le versant est des Costes, tout sillonné de *vabré* (ravins) donne une huile d'olive supérieure.

Les coteaux environnants de Rognes ne paraissent qu'un immense bloc de pierre où poussent çà et là des chênesnains, des cormiers, des poiriers sauvages, des *mourvens* (genévriers de Phénicie); en descendant le vallon du plan, le paysage prend un fond de verdure, les collines boisées de pins et de chênes vont faire une escorte sévère à la Durance capricieuse.

Cette terre des chênes, ce sol de pierres ont dû produire une race d'hommes vigoureux, à l'âme fortement trempée. Nous les verrons, en effet, lutter avec succès contre les abus de la féodalité, se soutenant les uns les autres, fortifiant leur individualité par l'union la plus étroite, défendant leurs franchises avec une indomptable énergie et une profonde justesse de vue, comme ces bataillons qui opposent à l'ennemi une muraille vivante et décident la victoire.

Les productions ordinaires sont le blé, la vigne, les amandiers, les grains et les pommes de terre ; il y a beaucoup de prairies, mais peu de jardins. Les propriétés sont départies dans une certaine mesure: chaque habitant a son morceau de terre plus ou moins grand qui, avec le produit d'une petite industrie, le fait vivre honnêtement; cela est cause que, s'il n'y a pas un grand nombre de bourgeois, il n'y a pas, non plus, de pauvres dans toute l'acception du mot. Le pays a eu constamment ce caractère; de nos jours même, tout ouvrier ou tout artisan aspire à devenir propriétaire foncier et il y parvient presque toujours par un travail assidu et une sage économie.

Depuis l'année 1883, le terroir de Rognes est arrosé par le canal du Verdon ; on sera peut-être étonné d'apprendre que ce projet, aujourd'hui réalisé, n'est point l'œuvre de notre siècle de progrès. Déjà, en 1628, Peyresc s'était chargé d'appeler de la Flandre des ingénieurs pour conduire à Aix les eaux de la Durance et du Verdon par un canal portant bateau. Louis XIV tenait fortement à ce projet et il aurait accordé une subvention à la province, mais la misère de l'époque ne permit point aux Etats de s'occuper de la question ; le projet reparut en 1718, en 1730 et en 1769. Floquet fit commencer les travaux qui furent abandonnés. Enfin, en 1764 un nouveau plan fut conçu; Bouche (1) cite au long toutes les localités que ce canal devait arroser et qui le sont réellement aujourd'hui.

(1) *Essai sur l'histoire de Provence*, t. II, p. 180.

CHAPITRE PREMIER.

Les Romains sur le terrain de Rognes. — Attaques des Sarrasins, fondation du village actuel.

I

Des preuves authentiques font remonter l'origine du village de Rognes à la fondation de la ville d'Aix ; d'après la légende, son berceau serait même entouré de souvenirs gaulois (1). « Il faut se rappeler que le chemin salier, par lequel les *Salyes* portaient le sel de Berre ou d'Astromela à Pertuis, passait par la vallée de Beaulieu (2) ». Au reste, cela importe fort peu, et n'a aucune influence sur l'avenir de la Commune dont nous étudions l'histoire primitive ; ne fixant pas un récit d'imagination, mais compulsant scrupuleusement des faits contrôlés, nous ne nous arrêtons que devant les documents, nous les exhumons de la poussière qui les recouvre et, avec leur aide, nous reconstituons par la pensée, le village ancien.

Il existe des documents consignés en partie dans la *Statistique des Bouches-du-Rhône*, touchant l'établissement des Romains sur le terroir de Rognes, au quartier des Cannes, situé au nord, et à l'orient, à celui de Tournefort, où les aqueducs romains ont été comblés presque totalement ; aux environs de Beaulieu, on a trouvé assez fréquemment des médailles marseillaises, et au château l'on

---

(1) A Eguilles, c'était la vallée des Druides, vallée *das Drudas*, ainsi appelée dans les actes anciens. — A Lamanon, les grottes de Calés curieusement étagées et percées d'ouvertures. — Le *Trau di Fado*, dans la montagne de Cordes, où Mistral, dans son beau poëme de *Miréio*, place la scène de la sorcière et le rendez-vous des esprits fantastiques de la contrée.

(2) *Statistique des Bouches-du-Rhône*, par le Comte de Villeneuve, t. II, p. 499 et suivantes.

voit un tronçon de colonne, avec une inscription un peu fruste dans laquelle on distingue le nom grec d'*Anténor*. M. de Tournefort découvrit à la chapelle de Conil, qui existe encore, une statue représentant un juge assis portant la bulle suspendue à un collier avec l'inscription : STATIA PTHENGIS DAT, sur laquelle M. de Saint-Vincens publia un mémoire lu à l'Académie d'Aix, le 31 mai 1812 (1).

L'eau était amenée au bourg des Cannes par un aqueduc qui partait de la colline du Veou et qu'on suivait naguère jusqu'à l'endroit où s'élevaient les villas romaines; il n'en reste plus actuellement qu'un dernier et fort beau vestige au vieux chemin de *Kaîré*.

Aux environs de la campagne de Ribbe, on déterra trois autels votifs, plusieurs tables de marbre, des débris de bains, des tronçons de colonnes, des fragments de vase, etc.... et sur le seuil d'une cabane, ce reste d'inscription...... PILORV.... FRATR.... Vers le milieu du XVIII° siècle on découvrit un pot de terre rempli de médailles d'or de grand et de petit module; dans les terres de Rimbaud, la pioche d'un paysan se heurta à une caisse de plomb contenant 84 pièces de monnaie marquées au coin des empereurs romains et principalement de Néron, avec cette légende : *Nœro Cœsar Augustus ;* sur l'autre face, on voyait l'image de Jupiter assis, tenant la foudre de la main droite et l'inscription : *Jupiter Custos.*

Grâce au bienveillant concours et aux connaissances archéologiques d'un ami, nous avons pu suivre les traces de ces établissements romains ; plusieurs villas étaient disséminées au quartier du Grand-Saint-Paul, leurs fondations sont apparentes, au-dessus du sol ; c'est un blocage où l'on reconnaît la solidité et la manière de bâtir employée par les Romains (leur chaux était faite des pierres les plus dures et même de fragments de marbre). On a trouvé commode d'élever des bastidons sur les fondations des villas romaines détruites par les Sarrasins, qui avaient leur principal campement dans la plaine du Grand-Saint-Paul.

(1) Un amateur rempli de distinction et de mérite, le savant Monsieur D'Aubergue, a recueilli dans sa riche collection, à Aix, la plupart des précieux monuments de notre chère contrée.

Enfin, on reconnaissait encore au quartier des Cannes, l'emplacement de plusieurs tombeaux d'où on a tiré des urnes en verre et en terre cuite, des boîtes de plomb avec des lacrymatoires, des lampes sépulcrales et différents objets du même genre. .

La colonie des Cannes, cernée par ses collines et en dehors des *viæ militares* qui sillonnaient la Provence romaine, n'eut pas de dénomination particulière ; (1) elle échappa par la même raison aux proscriptions des Césars et à l'armée d'envahisseurs qui vint, au V° siècle de l'ère chrétienne, se disputer les lambeaux de l'Empire. Elle fut visitée, à sa naissance, par un détachement des troupes de Marius, ses soldats découvrirent et nettoyèrent une source : *fons Marii* qui s'appelle encore Font-Marin.

Par sa proximité et les relations qu'elle devait entretenir avec la cité de Maximin, la colonie des Cannes embrassa le christianisme. Rognes possède un monument qui l'atteste et date, d'après les connaisseurs, du IV° siècle ; c'est une pièce en marbre gris, taillée à quatre faces, sur deux desquelles est en base une croix latine, sur l'autre est le monogramme du Christ, en lettres grecques, très frustes, et entourée d'une guirlande ciselée. Cette pièce de marbre qui avait dû servir primitivement de piédestal à quelque statue a soutenu pendant longtemps la table du maître-autel ; elle supporte maintenant la croix principale du vieux cimetière situé sur la route de Lambesc.

II

Notre colonie, épargnée par les hordes de Visigoths et de Vandales, ne put se soustraire à l'invasion sarrasine. Des scènes d'horreur ensanglantèrent ce beau pays de Provence : Arles, Marseille, Avignon furent assiégés et saccagés. Les églises disparurent sous un monceau de cendres, les chefs-

---

(1) Ce n'est que plus tard que ce quartier reçut l'appellation de *Cannes* qui signifie *Antiquités* et évidemment à cause des vestiges romains qui s'y trouvent.

d'œuvre de l'architecture romaine furent brisés, et roulèrent, disent les auteurs du temps, dans les eaux du Rhône ; les cimeterres décrivant des arcs sanglants firent le vide devant eux. Aix ne fut pas épargné : la population se retira dans les campagnes, les Sarrasins ruinèrent entièrement cette ville abandonnée et en rasèrent les remparts (1). C'est alors qu'ils pénétrèrent aussi au bourg des Cannes, 739. — Ses habitants, effrayés, sans fort et sans armes défensives, quittèrent leurs maisons, livrant aux pillards tout ce qu'elles contenaient ; ils se réfugièrent sur le coteau qui s'élève en cône tronqué au midi de la charmante vallée qu'ils avaient occupée plus de huit siècles et qui devint la proie des Sarrasins ; ceux-ci s'emparèrent des objets qu'ils trouvèrent dans les habitations ouvertes, puis, ils y mirent le feu, et le riant village ne fut bientôt plus qu'une ruine, la vallée un désert.

Voilà donc les habitants des Cannes, la veille si heureux et si paisibles possesseurs de leurs biens, aujourd'hui relégués sur une roche stérile et nue, privés de toute ressource et des premières commodités de la vie. De misérables cabanes, des cavernes ou fosses taillées dans le tuf remplacèrent la villa de briques de la plaine, et, pour la première fois, un nom fut donné à la colonie fugitive : les cavernes ou fosses pratiquées au sommet de l'éminence auraient fourni l'étymologie du mot *Foussa*, mais le village en eut un plus expressif : *Castrum de Ruinis*, village des ruines, *Rognos* en langue romane et Rognes en langue française. Les Sarrasins avaient passé sur le sol provençal comme un ouragan qui détruit et renverse tout sur son parcours ; ils furent chassés par Karl le Martel et les villes se repeuplèrent, les murs se rebâtirent et de nouvelles cités se fondèrent. C'est de cette époque, que datent presque tous les villages situés sur des hauteurs (2).

Les versants du Foussa étaient en ce temps couverts de bois, nulle hache n'avait osé toucher aux chênes séculaires des Gaulois et les abords étaient très escarpés ; mais ces

---

(1) Pitton. — *Histoire d'Aix.*
(2) On s'imagina, dit un historien provençal, que les hauteurs et les endroits escarpés seraient une retraite plus sûre contre les attaques des ennemis ou les surprises des brigands.

défenses naturelles ne suffisaient point aux habitants dans le cas d'une nouvelle attaque. Ils songèrent alors à entourer le plateau d'une solide et haute muraille dont on admire les gigantesques débris : non contents de ce rempart, derrière lequel ils avaient un asile inviolable, ils dressèrent une forteresse avec ses créneaux et ses meurtrières, au besoin, ils s'enfermaient tous dans cette enceinte ; ils creusèrent ensuite une poterne par où l'on pouvait se cacher et descendre à Pauvier, dans la plaine, à cinq cents mètres, où se trouvait une source. — Au dessous de la citadelle, s'ouvrait naguère un trou béant appelé vulgairement la grotte des *cent escaliers* ; un monceau de rocs est venu rouler à l'entrée et masquer à moitié le couloir sombre qui s'engage sous terre, en galeries humides. — Le manque d'eau et l'emplacement élevé ne permirent pas d'entourer les fortifications d'un fossé ; une seconde muraille y suppléait et on peut suivre aisément encore, à certains endroits, le chemin de ronde. Ces premiers travaux de défense furent réparés ou consolidés dans les siècles suivants, d'après le style architectonique de l'époque, ainsi que l'indique un mâchicoulis près la porte du couchant et une double ogive dans la fenêtre de la citadelle.

Les Maures reparurent en 889 par le golfe de Sembracie ; ils se cachèrent dans les montagnes du Var qui font une ceinture à la Méditerranée et auxquelles ils ont légué leur nom ; ils s'emparèrent du Fraxcinet, château fortifié, devenu leur boulevard et l'effroi des contrées environnantes. « Les Barbares, sortis de ce repaire, élargissaient tous les jours, le cercle de leurs brigandages ; quelquefois, ils couraient jusqu'à Aix (1). » On juge de la terreur qui dut saisir les populations, le souvenir du premier passage des Barbares leur ayant été transmis avec toutes ses couleurs sombres.

A Rognes, les familles qui, depuis longtemps, étaient disséminées sur les revers de la Trévaresse, bâtirent une tour où elles s'abritèrent à l'approche de l'ennemi. Les Sarrasins ne purent jamais la prendre d'assaut, et de là lui vint le nom de Tour forte (*turris fortis* ; plus tard, on en a

---

(1) Augustin Fabre. — *Histoire de Provence*, t. 1, p. 365.

fait Tournefort.) Lorsque le danger était imminent, ceux du Foussa et de Tournefort réunissaient leurs forces et désespéraient les assiégeants ; aussi, ces derniers allaient-ils souvent chercher fortune ailleurs. Ils ont cependant campé environ cent ans (1) dans le terroir de Rognes, enlevant le bétail, mettant le feu aux récoltes et tentant d'escalader les murailles du Foussa (2). La Trévaresse, les Garrigues, les Mauvares, le val des Maures, lieux boisés et en friche formaient leurs retraites ; on y a trouvé des poteries et d'autres preuves de leur séjour ; au val des Maures, on voit un tombeau dont le couvercle a été enlevé, il est creusé dans le roc, au pied d'un chêne ; la légende prétend qu'on y avait enseveli un chef arabe.

Le pays délivré de ces hôtes incommodes, les habitants s'empressèrent de remercier Dieu d'un si grand bienfait. Le prêtre qui administrait les secours de la religion dans la plaine avait suivi, lui aussi, la population sur le Foussa, et, par son initiative, par le zèle de tous, une petite chapelle fut consacrée sous le vocable alors si populaire et si aimé de Notre-Dame. Saint-Denis l'Aréopagite y eut son souvenir et son autel. Si les pierres du Foussa pouvaient parler, elles nous rediraient les ferventes prières de ses premiers habitants, les fugitifs des Cannes. Les vestiges de leur chapelle se devinent vers le milieu du plateau ; bien qu'il n'y ait là debout aucun reste des monuments de l'art, le cœur aime à y revenir ; l'imagination, éprise des choses locales et de la piété robuste de nos ancêtres, aime à évoquer les ombres disparues. Il est facile, d'ailleurs, de se livrer, de cet endroit, à de graves réflexions touchant le passé : on foule la poussière des morts (le cimetière était aux alentours de l'église) et le regard embrasse le village entier, en distinguant les trois églises paroissiales, enfermées dans les remparts et marquant distinctement les trois époques qui divisent l'histoire du pays.

(1) Il n'ont été chassés définitivement du Fraxcinet qu'en 972, par Guillaume Ier, comte de Provence.
(2) La rue qui est au-dessus du premier château seigneurial a porté jusqu'à la Révolution le nom de rue Barbarie.

On conserve à la chapelle de l'hôpital de Rognes une statue qui, d'après la tradition, date du VIII° siècle, elle est en bois et représente la Sainte-Vierge, portant le titre de Notre-Dame de Belvezet (1) assise avec l'Enfant Jésus sur ses genoux. Dans les temps de sécheresse, les mères de famille portaient à ses pieds leurs petits enfants ; leurs mains innocentes se suspendaient au manteau de la Vierge et ces pèlerinages se continuaient jusqu'à ce que l'eau du ciel vînt féconder la stérilité de la terre. D'autres fois, c'étaient des processions qu'on organisait ; on promenait la statue vénérée dans les champs, afin de fléchir la justice de Dieu par la douce intervention de Marie (2).

La dévotion des fidèles ne s'arrêta point là : ils voulurent marquer leur reconnaissance par un monument qui pût la transmettre aux générations futures avec le souvenir de leur piété (3). Ils érigèrent une chapelle (1136) à Saint-Marcellin, qui était évêque d'Embrun en l'an 363 et qui avait combattu les hérétiques par les armes de la charité et de la prière. Ils choisirent un tertre qui domine le vallon du plan, leur séjour primitif et ils firent vœu de se rendre, chaque année, le 20 avril, en procession à la chapelle rurale, éloignée d'une demi lieue du village ; les hommes portaient sur leurs épaules le buste du saint, le prêtre célébrait la sainte messe ; après une absoute était donnée pour obtenir le repos de ceux qui avaient combattu contre les Sarrasins. Les consuls dirigeaient la fête votive ; au retour, ils allaient à la maison commune et l'on procédait à l'élection des syndics et des officiers.

Cette tradition ne s'accomplit aujourd'hui qu'en partie : la procession, la messe et l'absoute ont lieu régulièrement,

---

(1) Notre-Dame de Beauvezet ou Beauvoir. Ainsi appelée à cause, sans doute, de la vue magnifique dont on jouissait de sa chapelle.

(2) La chaine de ces pieuses traditions n'est point complètement brisée, elle se continue par des neuvaines de messe au modeste sanctuaire de Notre-Dame de Belvézet.

(3) La communauté fit don à la paroisse d'un ostensoir gothique en vermeil, haut d'un pied et demi ; on y voyait en base l'image de la Sainte-Vierge et de Saint-Denis ; la glace de derrière portait cette légende : *Rognos 1242*. Cet ostensoir, qui avait échappé au vandalisme de 1793, fut malheureusement vendu en 1829 par le curé de la paroisse.

il est vrai, mais on n'y voit plus de consul coiffé du chaperon, et l'écharpe municipale a déserté les cérémonies religieuses. Ajoutons pourtant, que des hommes demeurés fidèles au culte du passé se font un devoir de représenter la communauté. C'est une cérémonie touchante que celle qui ramène, dans un anniversaire constant, l'éternelle pensée de ces morts obscurs, dont on n'a jamais su les noms, mais qui furent nos pères et nos frères dans la foi ; ce chant du *Libera* au milieu de la nature, alors pleine de sève et de promesses, impressionne et contraste singulièrement avec le caractère joyeux et animé de la fête.

Au XVII° siècle on éleva près de la chapelle une maison entourée d'un enclos et ony appela un ermite (1) pour l'habiter ; des hommes pieux s'y sont succédé jusqu'en 1845.

---

(1) Le premier ermite de Saint-Marcellin, fut frère Esprit, natif de Puyloubier, agréé par son Eminence le cardinal de Grimaldi, archevêque d'Aix. On lui donna un logement, un habit, avec permission de quêter pour se procurer de quoi vivre, la communauté devait venir à son secours en cas de maladie, à condition qu'il remplirait sa charge avec zèle et par sentiment de religion et qu'il entretiendrait la chapelle dans une grande propreté. 1661.

CHAPITRE II

La Commune rurale du Moyen-Age sous son rapport civil et religieux.

I

Il est merveilleux de voir comment après le départ des Sarrasins chaque cité et chaque bourg s'organisèrent avec des éléments divers ; on avait besoin de concentrer ses forces, et, pour y parvenir, on n'épargna nul moyen ; ici, c'étaient des seigneurs, des évêques ou des abbés qui prenaient le menu peuple sous leur protection ; là, c'étaient des villes et des villages qui proclamaient leurs franchises, et, en mémoire de leur origine romaine, nommaient eux-mêmes leurs consuls. Le droit romain subsistait en Provence, mais, avec l'établissement de la féodalité, il naquit des coutumes qui finirent par détruire les lois (1), de sorte que chaque communauté eut des statuts, des usages, des droits inhérents, ce qui faisait dire à Beaumanoir : qu'il ne croit pas que dans tout le royaume, il y eût deux seigneuries qui fussent gouvernées de tous points par les mêmes lois. Sans doute, l'ordre du Moyen-Age ne peut être donné comme archétype parfait ; il procura, ainsi que toutes les formes de gouvernement, des biens et des maux ; il offrait, d'un côté, ses plaids et ses comices, et de l'autre, sa glèbe humiliante. Néanmoins, sa législation n'est pas dépourvue de justice, elle produisit ce qu'on a appelé avec raison : « un de ces événements qui n'arrivent qu'une fois dans le monde ». Si on l'envisage avec des préventions, ces préventions tombent d'elles-mêmes devant les chartes,

---

(1) Montesquieu, *Esp. des Lois.* liv. 28, chap. 12.

seuls monuments vivants d'un passé disparu pour toujours.

Les anciennes institutions provençales reposaient sur une base démocratique, et notre commune rurale présentait, dès le onzième siècle, une autonomie complète ; les terres étaient possédées en franc-alleu; nos ancêtres étaient donc des hommes libres, c'est-à-dire, ceux qui, d'après Montesquieu, n'étaient pas soumis à la servitude de la glèbe. Ils ne devaient à personne ni cens, ni service ; leurs terres étaient exemptes de toutes charges et redevances ; ils ne prêtaient au souverain que le serment de fidélité. Il n'y eut, sous la première et la seconde race, entre les nobles et les hommes libres, que très peu de différence, puisque ceux-ci purent acquérir des fiefs et des armoiries. Ils étaient assujettis au service militaire, lorsque la guerre étaient défensive, et ils y étaient conduits par les centeniers (1), officiers ayant à leur suite cent hommes libres, ou bien par les vicaires, chefs de vicairies (2). Rognes faisait partie de la vicairie de Lambesc, comme aujourd'hui elle fait partie de ce chef-lieu de canton.

La communauté était essentiellement agricole ; elle avait peu de bourgeois, encore moins des gens de commerce. Ses habitants, ménagers de profession, n'étaient pas ambitieux, ils se contentaient du produit de leurs champs, sans viser à la fortune ; pour eux, la fortune était dans la paix et le travail, dans le contentement, et dans la simplicité. Ils n'avaient pour but que d'établir ici-bas l'harmonie, et ils plaçaient plus haut que tout la foi et l'espoir en une vie future. On ne trouverait point chez eux, assurément, de tels linéaments d'ordre, de sagesse, d'économie, s'ils n'avaient été pénétrés d'une foi profonde ; cette foi éclairait leurs moindres actes et en était la seule raison.

La communauté n'était pas nombreuse, elle ressemblait à une grande famille où tous les membres sont unis par le lien de la parenté et par les mêmes intérêts. Aucune domi-

---

(1) Montesquieu. *Esprit des Lois*, liv. 30, chap. 17.
(2) Vicairie vient de *Vicariæ*, lieu où résidait, pendant l'établissement des Romains, le vicaire du questeur, par corruption, on en fit viguerie.

nation, ni servitude, mais liberté et fraternité entre tous les propriétaires. Ils avaient le droit de fixer le chiffre des dépenses communales, de les répartir, d'aliéner, d'emprunter et d'élire leurs magistrats qui étaient toujours natifs du pays et portaient le titre de syndic ou de consul « trop grand mot, a-t-on dit, pour de petits hommes se remuant sur un petit théâtre ». Ce jugement est-il bien vrai ? Nos ancêtres ont prouvé, en sauvegardant leurs libertés et leurs droits pendant des siècles, que la plus modeste charge publique n'est pas dénuée de grandeur, lorsqu'on sait se pénétrer des obligations qu'elle impose. Ces simples chefs de famille (caps d'ostal) ont résolu le problème vainement cherché de nos jours. Ils ont passé entre les entraînements populaires et l'arbitraire équivoque des seigneurs, entre la licence et l'oppression, ces deux écueils où se heurtent toutes les institutions politiques.

Les consuls étaient quelquefois les plus cotés au livre terrier, toujours les plus probes et les plus dévoués ; aussi, avaient-ils la confiance entière de leurs concitoyens : ils étaient chargés de la police et de l'administration de la communauté ; ils devaient veiller à ses intérêts et à sa défense ; ils avaient, en outre, la juridiction contentieuse dans les causes de peu d'importance ; dans les causes majeures, ils recouraient au centenier, qui était un adjoint du comte et avait un représentant dans la commune, appelé lieutenant de juge, car la juridiction militaire entraînait la juridiction civile, mais le centenier ne jugeait pas seul, et il y avait des lois qui prévenaient les malversations pour les droits judiciaires ; quant au pouvoir fiscal, il était tel que le comte ne pouvait guère en abuser (1).

Chaque viguerie réunissait une fois l'an, en une assemblée centrale, les mandataires des communautés pour délibérer sur les impositions laissées à leur soin par les Etats-généraux et discuter sur les intérêts de la viguerie ou des communautés.

Le terroir communal était entendu sous la dénomination de feu, lequel feu équivalait à cinquante mille livres en

---

(1) *Esprit des Lois*, liv. 30, chap. 18.

fonds de terre et correspondait à une certaine population faisant cuire son pain, dans le même four. A Rognes, comme il n'y avait primitivement qu'un four, il n'était estimé que pour un feu. En 1686, il était estimé sept feux et demi, dans le courant du siècle suivant, 10 et 12. On se régla sur les feux pour établir l'égalité des biens taillables et on l'appela affouagement ; il y eut, à cet effet, des commissaires affouageurs au nombre de douze, savoir : trois ecclésiastiques, trois gentilshommes et six membres du Tiers-Etat (1).

Nous avons dit que le souverain n'avait que le haut domaine sur les terres allodiales, c'est-à-dire, sans percevoir aucune espèce d'impôt ; cet état de choses subit une modification lorsque les comtes de Provence s'engagèrent dans des guerres dispendieuses ; ils furent obligés de demander une légère contribution aux communes ; cela se renouvela en diverses occasions, enfin, on fixa l'impôt annuel à six sols chaque famille. Rognes n'en fut point exempt; ici encore éclate l'esprit de prévoyance des habitants. Ils nommèrent trois auditeurs de compte et trois trésoriers ; ceux-ci recueillaient les impositions et s'en expliquaient aux auditeurs qui, à leur tour, rendaient raison à la communauté de l'administration des deniers publics. Les trésoriers versaient leur contingent dans la caisse du receveur de la viguerie et il passait ensuite dans celle du trésorier-général.

Les assemblées des chefs de famille avaient lieu dans la citadelle, sur la place publique, au cimetière, ou même dans l'église (la première maison commune (2) date de l'an 1315). Le conseil était composé de deux ou de trois consuls, de trois trésoriers, trois auditeurs de compte, un lieutenant de juge, qui était ordinairement le notaire, d'un greffier et d'un crieur public ; tous les chefs de famille

---

(1) Augustin Fabre. *Hist. de Prov.*, t. III, p. 27. — Leurs opérations furent reconnues tellement équitables que l'affouagement de 1471 subsistait encore en 1664. *Ibid.*

(2) C'est l'édifice massif percé au midi et à l'est de fenêtres géminées, et situé à l'extrémité de la rue Saint-Martin.

étaient électeurs ; les étrangers le devenaient après un séjour de quelques années dans le pays.

Ainsi, nos pères vivaient en commun de la vie publique : ils y pratiquaient la concorde et l'amitié ; ils s'encourageaient et entretenaient mutuellement leur patriotisme ; ils y puisaient ces fortes mœurs qui sont le nerf des constitutions et la garde des vertus civiques ; ils apprenaient là le plus difficile de tous les arts, celui de gouverner avec modération, avec équité et en pleine lumière du christianisme. A Marseille, on se réunissait devant l'église des Accoules ; à Tarascon, à Arles, à Nîmes, etc., sur la place publique. Une charte de Raymond Bérenger dit que ce prince tint un plaid devant l'église de Forcalquier et qu'il était assis sur les marches de l'escalier du clocher. Les seigneurs tenaient souvent leurs plaids, en hiver, dans l'appartement de la dame, seul lieu où l'on fît du feu, et pendant l'été, sur le perron de leur château, ou sous un orme. Ainsi que le chêne de Vincennes, l'orme (1) était consacré par les traditions populaires du Moyen-Age.

Il y aurait une étude curieuse à faire sur les assemblées locales des siècles passés et nos meetings socialistes ; les premiers se groupaient pour édifier des monuments d'ordre, de justice et de liberté ; les seconds, au nom profané de la liberté, cherchent à détruire toute hiérarchie et engendreront inévitablement le désordre.

Si le consul du XIIme siècle revenait en sa communauté, il aurait peine à la reconnaître, il serait bien étonné de voir que nous prétendons être plus avancés que lui en matière de liberté et de système électif. Par exemple, il jetterait les hauts cris si nous lui disions, comme la plupart se l'imaginent, que le suffrage universel n'existe que depuis la Révolution.

Au reste, notre manière de vivre d'aujourd'hui est tout à fait opposée à celle d'alors, où les mœurs étaient simples et douces ; la mode ne subissait pas des changements si fréquents, les fils s'habillaient comme leurs pères ; les ameublements étaient extrêmement rustiques et il est

---

(1) *Platea ulmi*, est-il mentionné dans les chartes de Provence.

même à supposer que beaucoup de maisons étaient dépourvues de cheminée. Chacun vivait sans ambition, sans luxe ; ses rêves ne dépassaient point les murs de la cité, ou s'ils allaient au-delà, ce n'était que dans le dessein d'accomplir quelque pèlerinage, car, « c'était un temps où tous, *riches et pauvres,* craignaient Dieu, redoutaient l'enfer et aspiraient au paradis ». (Le comte de Sabran-Pontevès).

II

Si la commune était admirablement constituée au point de vue civil, elle ne laissait rien à désirer sous le rapport religieux ; dans ses modestes proportions, elle ne resta point sourde à la grande voix, qui, au Moyen-Age, conviait les peuples à un même but : la dilatation de l'esprit chrétien. Une des plus belles créations de cette époque merveilleuse, c'est, sans contredit, la création des ordres religieux militaires. Au XIIIme siècle, l'ordre du Temple était encore à l'apogée de sa gloire, il produisait bien des dévouements et des vertus et les souverains ne croyaient point s'abaisser en s'y affiliant (1). La bonne renommée des Templiers était parvenue à Rognes, et les chefs de famille désireux de s'édifier à leur contact, appelèrent parmi eux quelques chevaliers ; ils leur donnèrent une immense étendue de terrain en friche, qui fut bientôt transformé en terres labourables et en prairies, sous la vigilance des religieux ; leur habitation fut ce solide et vaste bâtiment qui se voit au pied du Foussa et qu'on appelle maintenant le Lion d'or ; à quelques pas au-devant, était l'église construite d'après le style roman et sous le patronage de saint Etienne ; ses dernières assises de pierres se voyaient encore en 1875.

(1) Pour ne parler que des Templiers, nous citerons Raymond Bérenger, comte de Provence et Guillaume de Sabran, comte de Forcalquier. Les roturiers, néanmoins, n'en étaient pas exclus. La liste de ceux qui furent arrêtés à Pertuis et à Meyrargues, lors de la suppression de l'ordre, ne contient que quelques noms de nobles ; tous les autres étaient roturiers.

Après la suppression des Templiers, le plateau Saint-Etienne servit de cimetière et pendant plus de trois cents ans la chapelle romane entendit les lugubres psalmodies de la mort. Des tombes de différentes grandeurs et recouvertes de gazon, sont éparses sur le plateau.

Un établissement plus durable suppléa, avec de grands avantages, à la disparition des chevaliers du Temple. Le propriétaire de Conil, ferme située près de Beaulieu, légua ses biens aux moines de Citeaux de Sylvacane ; ces moines s'étaient établis sur les bords de la Durance pour en faciliter la traversée aux voyageurs, au moyen d'un bac et leur porter secours dans les temps de crue. Un abbé et un frère vinrent donc prendre possession de Conil ; il y eut là aussi une chapelle, les gens de la campagne assistaient, le dimanche, aux offices ; l'abbé les instruisait dans la voie de Dieu, et secondait le curé dans le ministère évangélique. Cela dura jusqu'en 1440, époque à laquelle le pape Eugène IV donna l'investiture de Sylvacane, et partant du domaine de Conil, à la Manse capitulaire de Saint-Sauveur ; deux chanoines prébendés d'Aix jouirent des revenus sous le nom de petite dîme de Conil ; en retour, ils envoyaient tous les dimanches un prêtre qui célébrait la sainte messe à la chapelle abandonnée des Cisterciens. Dans la suite, ils furent tenus d'entretenir deux vicaires à Rognes, et de contribuer pour un tiers à la construction et aux réparations de l'église poroissiale.

La *Dîme*, ce mot dont on a fait un épouvantail aux masses ignorantes ! nous sommes heureux de l'aborder enfin, car, elle ne reposait ni sur l'usurpation, ni sur la fraude, ni sur la contrainte ou l'injustice. Les prébendés et le curé étaient les usufruitiers d'un bien qui avait été donné volontairement à l'Eglise. Il n'est rien de plus simple et de plus naturel.

On ne connaît pas d'une manière précise les limites de l'ancien domaine de Conil, mais on peut avancer sans crainte que la portion échue aux chanoines n'était pas la portion congrue ; aussi, ne cèderont-ils qu'aux plus pressantes instances pour subvenir aux réparations et à la construction de l'église paroissiale ; assurément, beaucoup de ceux qui dénigrent la dîme ne se contenteraient point aujourd'hui d'un dixième (1) de revenu qui obligeait à une telle charge et qui, du reste, était tout à fait légitime en son principe. Jusqu'à la Révolution, la petite dîme de Conil a été régulièrement touchée par les chanoines et ceux-ci n'ont pas cessé de maintenir deux vicaires à leurs frais.

Mais voici une fondation qui assura l'exercice perpétuel du culte dans la paroisse. Garsende Arnoux fonda, en 1385, une chapellenie pour être conférée au plus ancien prêtre du pays ; elle y adjoignit des propriétés de terres pour l'entretien du chapelain ; le premier recteur fut le fils de Jacques Cucurron ; le patron (2), Jean Guillaume et ses descendants. Raymond Fabri, notaire de Rognes, en écrivit l'acte dans la maison de la testatrice. Son frère, Guillaume Ferrier, légua aussi ses biens au profit de l'église. Ycard Arnoux, mari de Garsende, homme riche et sans enfants, laissa par son testament du 22 janvier 1432 : 1° une maison, 2° quatre terres, dont deux à Pierre Bonnet, clerc tonsuré « et cela pour la *gloire de Dieu*, à condition que ledit Pierre Bonnet se fera promouvoir aux ordres sacrés dans deux ans, autrement, cette nomination serait nulle ». Cette fondation fut entendue sous le nom de chapellenie de Notre-Dame de Belvézet, le patron fut le curé de la paroisse « qui est aujourd'hui, ou qui sera en son temps, ainsi que les recteurs de l'hôpital qui sont aujourd'hui, ou qui seront à l'avenir, défendant à toute autre personne, même à l'archevêque d'Aix, de disposer de cette chapellenie, sous peine de nullité. Il faut encore que le chapelain soit natif de Rognes,

---

(1) Les chanoines avaient la dîme de tous les grains.

(2) « Beaucoup de rectoreries, de prieurés ruraux étaient placés sous l'égide des foyers domestiques des fondateurs. Les personnes qui, avec le consentement des évêques, avaient fondé, bâti ou doté une église en étaient les patrons. En cette qualité, elles avaient droit de présentation lorsqu'il fallait nommer ou remplacer le prêtre desservant ; elles percevaient une partie du revenu, mais, elles étaient tenues de défendre les personnes et les biens de cette église et d'en nourrir les pauvres ». Ch. de Ribbe, *Les familles et la société en France avant la Révolution*. Liv. II, p. 202, n.

et à défaut, qu'il soit de Lambesc, ensuite du Puy Sainte-Réparade, ensuite de Pélissanne, et enfin, de Saint-Cannat. L'acte en fut passé dans la *crote* (1) d'Antoine Castelan, par Jean Yarin, notaire du lieu.

Sans doute, avant ces fondations, le prêtre attaché à la paroisse était rétribué par la piété et les largesses des fidèles, mais ses revenus étant fixés d'une façon régulière et foncière, on conçoit que ce nouveau système contribua à décider des vocations qui pouvaient être compromises par la perspective de la pauvreté et le défaut de moyens pour achever les études de théologie ; aussi, y eut-il beaucoup de prêtres à Rognes, ils s'y rendaient très utiles, les plus anciens documents attestent la présence de ces hommes de Dieu et dans les assemblées publiques, leur nom est inscrit avec ceux des autres habitants.

Il est inutile de démontrer que le curé ne pouvait cultiver lui-même les terres dont il était l'usufruitier. Il fut obligé de les donner à ferme, et il fut décidé qu'il aurait pour son entretien et pour son traitement : le quint de tous les grains, la dîme du vin, et de plus, la petite dîme du chanvre et des agneaux.

« L'église fut ainsi incorporée au sol » et étroitement unie avec la communauté, celle-ci lui donnait protection, appui et force, en échange, elle réclamait d'elle, lumière, conseil et sagesse.

Tels sont les gestes de nos pères pendant les quelques siècles qui précédèrent l'arrivée des seigneurs. Citoyens et chrétiens, voilà leur obscure vie. Tout ce qui date du Moyen-Age rend le son d'une foi naïve et exaltée. D'autres allèrent plus loin que Ycard Arnoux : « ils donnèrent leurs terres aux églises pour les tenir eux-mêmes à cens, croyant participer par leur servitude à la sainteté des Eglises (2).

---

(1) La crote était ordinairement le vestibule voûté précédant la pièce servant de cuisine ou de salon.
(2) Montesquieu, *Esprit des Lois*, liv. 30, chap. II.

CHAPITRE III

Les d'Allamanon. — La Féodalité et la Commune.

I

L'année 1305 vit se produire un événement qui fut de nature à inspirer à notre population de sérieuses craintes touchant leurs libertés et leurs droits. Charles II, roi de Provence, convoitait le péage de Gontar, sur la rive gauche de la Durance ; ce péage était alors en la possession de Rican d'Allamanon, celui-ci le céda à son souverain et reçut en échange les terres de Pierrevert, de Vidauban et la citadelle de Rognes. avec le titre de conseigneur.

Les d'Allamanon apparaissent pour la première fois dans l'histoire en 1131, au sujet de la guerre Baussenque. Ollebert et Bertrand d'Allamanon étaient du parti de Raymond des Baux et un autre Bertrand d'Allamanon de celui de Raymond Bérenger I, comte de Provence (1).

En 1146, Ollebert d'Allamanon prêta serment de fidélité au comte de Barcelone, tuteur de Raymond Bérenger II, dans l'assemblée tenue à Tarascon (2).

Sous la maison d'Anjou, les d'Allamanon furent en crédit à la cour. Thibaut d'Allamanon était un des témoins de Charles II au combat singulier que le roi de Provence eut avec le roi d'Aragon, à Bordeaux (3).

Guillaume d'Allamanon se trouvait parmi les quatre-vingts otages qui devaient répondre, entre les mains du roi d'Aragon, au nom de Charles II, roi de Provence. Ces otages furent emprisonnés en 1289 et rendus en 1294 (4).

(1) Gaufridi. *Hist. de Prov.*, liv. IV, p. 97.
(2) Papon, *Hist. de Prov.*, t. II, p. 230.
(3) Tibaldus Alamanius. Ibid. t. III, p. 76 n. Gaufridi mentionne comme témoins Bertrand et Ricard d'Allamanon.
(4) Don Guillaume Allamano. Papon. t. II, p. 90 n.

Rican ne fut pourtant point le premier conseigneur de la communauté. Avant lui, deux gentilshommes de la cour de Raymond Bérenger, l'un, propriétaire de Beaulieu, l'autre, de Tournefort, avaient été qualifiés de conseigneurs (1), mais ce n'était là qu'une distinction honorifique, elle n'entraînait pour eux ni droit, ni devoir.

De même, Rican d'Allamanon ne posséda, primitivement avec la forteresse, que le titre de conseigneur, titre qui ne créa point de vasselage, ou qui, du moins, ne le pouvait créer que de nom ; il n'y a jamais eu d'acte d'inféodation et, si plus tard, ses successeurs élèvent des prétentions, elles ne seront fondées sur aucun acte authentique autre que les transactions passées entre la communauté et les seigneurs.

Il n'y avait pas loin, paraît-il, du titre à la chose même, car Rican exerça d'abord, à son arrivée à Rognes, une action qui émane de la souveraineté : il ordonna une enquête sur les possessions qui existaient dans la commune et sut ainsi les terres qui rapportaient et celles qui ne rapportaient pas. L'enquête comprenait les terres gastes, les bois, les collines, les habitations de la campagne et les maisons agglomérées dans le village. C'était un piége de la part du nouveau venu, nos ancêtres ne s'y trompèrent pas ; justement alarmés, ils députèrent à Aix Pierre Dodon, Pierre Roux et Jean Roux pour consulter des avocats ; ceux-ci leur conseillèrent de s'arranger à l'amiable. Ce conseil était d'une grande sagesse ; les habitants, en s'y conformant, firent preuve d'un rare bon sens ; entamer une querelle, eût été une sottise ; d'ailleurs, puisqu'ils avaient affaire à plus fort qu'eux, mieux valait s'entendre et vivre en paix. Dans ces vues et ces condescendances mutuelles, une transaction fut méditée et passée entre la communauté et Rican, devant Hugues Vital, notaire d'Aix, le 7 janvier 1308, dans les conditions suivantes :

« Tout ce que les comtes de Provence s'étaient réservé appartiendrait aux conseigneurs ; de ce genre était la forteresse et ses alentours ;

(1) Imbertus de Rongnis, Theobertus de Rongnis, lit-on sur une sentence portée, en 1150, au sujet de Pélissanne. Papon, t. II, *Preuv. de l'hist. de Prov.* XVII.

« Si les comtes de Provence s'étaient réservé des bois, des collines, cela était désormais en la possession des conseigneurs ;

« Que si les comtes de Provence avaient donné à bail des terres à des particuliers, ceux-ci payeraient la redevance convenue aux conseigneurs ;

« Les habitants auront le droit de chasser partout, excepté au défends ;

« Les emplacements cédés par les comtes de Provence pour y bâtir des maisons, seront soumis à une certaine redevance en faveur des conseigneurs ;

« Les habitants pourront paître leurs troupeaux partout, excepté au défends ; si les troupeaux du conseigneur causent quelque dommage, le conseigneur s'engage à le réparer. Les habitants et le conseigneur promirent de ne se porter les uns aux autres aucun préjudice et de vivre en harmonie. »

L'auteur de l'histoire manuscrite de Rognes fait observer que Rican ne remua point tant que le roi Charles II resta en Provence ; dès qu'il fut à Naples, le conseigneur employa tous les moyens pour parvenir à ses fins.

II

Le terroir de Rognes étant si vaste et à peine cultivé çà et là, ses bois et ses coteaux offraient vraiment un aspect tentateur et promettaient l'aisance et la richesse pour l'avenir ; on comprend, dès lors, que les d'Allamanon se fussent établis volontiers sur cette terre vierge. La communauté avait acquis néanmoins une importance relative puisqu'elle est nommée parmi les trois cités (1) qui furent entre les mains de Pierre de Lambesc, la caution de l'entente d'Alphonse II, roi d'Aragon, avec le comte de Forcalquier.

(1) « Tria castra, scilicet *castrum de Roïnas*, castrum de Oseda et castrum de Cananellas, etc. Papon, t. II, *Preuves de l'histoire de Prov. XXIX*.

Le temps de longue paix qui suivit le départ des Sarrasins avait été employé par les habitants à acquérir des terres ; il y avait alors des propriétaires aisés, de bons bourgeois qui avaient des directes pour revenus, ainsi qu'on peut le voir par une reconnaissance que Guillaume Ferrier fit passer en 1373. Le dossier de Raymond Fabri, notaire, à Rognes, porte à 67 le nombre de ces reconnaissances ; il est à supposer que chacune représentait une somme peu élevée, car, à cette époque, le numéraire était très rare. Des gens dévots donnèrent de cette façon des biens à la paroisse pour que les revenus, censes ou directes, fussent consacrés aux œuvres pies ; il y eut ainsi le « luminaire de Notre-Dame de Belvézet » fondé pour entretenir les ornements, linges, vases sacrés et fournir l'huile nécessaire à la lampe qui brûlait devant le Saint-Sacrement. Une autre œuvre excellente, fut celle du Saint-Esprit, pour les pauvres et les malades du lieu ; elle avait ses recteurs et ses administrateurs ; ses revenus provenaient des legs de propriétés qu'on avait données à bail et qui formèrent les directes de l'hôpital.

Le conseigneur envoya son représentant, qui s'appela bayle ou viguier, aux assemblées communales pour les présider ; sans lui, l'assemblée était illégale et les délibérations nulles. Le premier bayle fut Guillaume Buès, notaire. Ces viguiers étaient des hommes instruits, ayant la connaissance des lois ; ils jouissaient d'une grande considération dans le pays ; ils avaient le pas sur les consuls à toutes les cérémonies publiques et étaient à la tête des tribunaux que les seigneurs avaient organisés pour connaître les délits, tant civils que criminels, qui se commettaient sur leurs terres. Ces tribunaux se composaient du bayle, qui prenait dans cette circonstance, le titre de lieutenant de juge, d'un procureur juridictionnel, d'un greffier et d'un huissier.

De part et d'autre, on avait tenu les engagements pris lors de la première transaction ; cette harmonie fut sur le point d'être troublée à l'occasion du mariage de la petite-fille de Rican d'Allamanon ; il demanda un présent à la communauté ; celle-ci, étonnée de cette innovation, lui répondit d'abord qu'elle ne tenait rien de la libéralité du conseigneur et que, par conséquent, elle n'avait rien à lui donner. Pourtant, le conseil fut assemblé, des avocats d'Aix, consultés, et après bien des tergiversations, on convint de donner à la demoiselle 2 florins (environ 21 fr.), *sans tirer à conséquence pour l'avenir*. Cette clause était formelle ; on ne voulait pas établir un usage qui eût pu, dans la suite, se renouveler à tout propos. Les 2 florins furent portés à la demoiselle par les syndics et Rican se montra satisfait ; il mourut en 1332, après avoir fait de nombreuses acquisitions dans le terroir de Rognes ; les plus importantes étaient les domaines de Beaulieu et de Tournefort. Son fils Pierre lui succéda dans la conseigneurie ; il fit passer les reconnaissances de 70 baux.

La paix qui régnait à l'intérieur du village se traduisait à l'extérieur par des traités passés entre les lieux circonvoisins. En voici quelques exemples :

Un acte sur parchemin, écrit en latin, et en date de l'année 1236 contient le jugement du président et des maîtres-rationaux concernant « la franchise de tout péage et imposition de la part des gens de Rognes, aux lieux d'Eguilles, des Pennes pour aller à Marseille et même passant par Aix ». Lorsque le seigneur des Pennes ou d'Eguilles voudra exiger le peage, la communauté exhibera les titres susdits. Autre transaction passée en 1300 entre la communauté et Raymond, abbé de Sylvacane, au sujet des troupeaux de l'abbaye, qui pouvaient paître librement sur les terres de la commune ; en échange, celle-ci avait le droit d'abreuver les siens aux sources de Sylvacane. Toutes les années, le 25 mars, le crieur public, à la grande porte de l'église du monastère, répétait la transaction à son de trompe, en présence du viguier, du premier consul et du procureur juridictionnel ; on en dressait procès-verbal que tous signaient. Cette publication n'a cessé de se faire qu'à la Révolution.

D'après d'anciennes transactions, les habitants de Rognes n'avaient rien à payer au fermier du bateau de Cadenet, ni pour leurs personnes, ni pour leur menu bétail, mais ils s'étaient engagés à se porter au secours du batelier, lorsque les eaux grossies de la rivière venaient à déranger le pont.

Dans un conseil de Communauté tenu le 1ᵉʳ mai 1336, deux nouveaux conseigneurs, Rostan de Vincent d'Agoult et Philippe Albi de Châteaurenard, étaient auprès de Pierre d'Allamanon. Aussi, les chefs de famille ne se contentèrent-ils plus du droit qui les conviait à se rendre aux conseils; ils y joignirent le devoir; ceux qui négligèrent de s'y montrer étaient passibles d'une amende de 15 sols. Avant de prendre aucune délibération, le greffier ou secrétaire faisait l'appel nominal de chacun.

En 1342, une grande préoccupation règne dans le village : il s'agissait de bâtir une église paroissiale (1) et la maison curiale à Saint-Martin, car le gros de la population était logée dans ce quartier, et la chapelle du Foussa devenait trop étroite.

Pour faire face aux dépenses qu'entraînait la construction de l'église on établit un impôt extraordinaire et on n'oublia pas les conseigneurs. Pierre d'Allamanon avait la procuration de ses collègues et il refusa au nom de tous les trois. La Communauté leur intenta procès; elle chargea Jean Arnoux et Raimond Portal, avocats de la ville d'Aix, d'attaquer les conseigneurs; les arbitres terminèrent le différend à l'amiable, en obligeant, cependant, les récalcitrants à payer leur quote-part.

La Communauté prospérait visiblement. Elle voulut mettre de l'ordre dans ce progrès : une assemblée mémorable tenue en 1389 décida : que l'heure et le jour désignés pour les conseils seraient annoncés à l'avance par le crieur public; que les élections se feraient de la manière suivante : les nouveaux syndics étant proposés à haute voix, les électeurs donneront leur approbation si les candidats sont à leur convenance et leur improbation s'il est en eux quelque chose de répréhensible. On le voit, la liberté la plus large,

---

(1) Un beau portail roman dans une impasse qui fait suite à la place Saint-Martin, donne à supposer que c'était là la seconde église paroissiale, elle fut ceinte dans le XVIᵉ siècle, par le mur des remparts, et devait être en premier lieu fort exiguë.

la méthode la plus simple était adoptée : mais avouons qu'elle ne pouvait être suivie que par des gens profondément remplis de l'amour de l'ordre et pratiquant la bonne entente. Si de telles séances se produisaient aujourd'hui, nous les verrions probablement se terminer par quelque querelle ou quelque agression. — A ce conseil, convoqué par Joseph Bourguignon. crieur public, par ordre de Raymond Nigler, bayle, et à la réquisition de Hugues Sabateri, d'Antoine Laugier, syndics; de Bertrand Aymin et de Joseph Mounier, procureurs de la commune, étaient présents : deux prêtres, Bertrand Buès et Jacques Cucurron ; deux notaires : Raymond Fabri et Rostan Aycard et une cinquantaine de chefs de famille qui composaient les trois quarts de la Communauté. Il fut décidé de faire un nouveau cadastre, parce que les anciens livres terriers occasionnaient des erreurs ; à cet effet, on nomma : Bertrand Buès, prêtre ; le bayle Bertrand de Portalis ; Raymond Fabri, notaire; Hugues Sabateri, syndic; Bertrand Aymin; Etienne Mounier ; Pierre Cothops, Pierre Raimond et Hugues Robrant, « avec pouvoir de représenter la communauté, faculté de faire livre terrier; corriger, rectifier, ajouter, retrancher, etc. » Ce cadastre fut écrit par André Châteauneuf, notaire impérial, résidant à Lambesc.

L'an 1424, on fit un nouveau cadastre, écrit en latin, avec beaucoup de soin et de détails, par Antoine Mayfredi. notaire. Les propriétaires sont au nombre de 108. La préface de ce document porte que le 10 du mois d'août de l'année 1424, vers les 8 heures du matin, la majeure partie des chefs de famille s'assembla en conseil public, dans la maison ou sous le portique de Pierre Boëti, en présence de Jean Chaullan, bayle. Les syndics demandèrent qu'il fut fait estimation des biens que les propriétaires possédaient, soit au village, soit aux champs, que l'on réduisit en livres cadastrales (1) la valeur de ces biens et que l'on fixa la

---

(1) Il y avait 924 livres cadastrales équivalentes à 5.821 hectares ; ce qui donnerait pour livre. 6 hectares, 30 ares ou bien 7 charges et 8/9, si toutes les propriétés eussent été encadastrées mais on sait que les biens nobles et les biens de l'église ne l'étaient point.

somme qui serait payée au souverain et celle que nécessiteraient les dépenses locales. Guillaume Porcelli, Pierre Boëti et Guillaume Travani, « gens de bien et de probité », furent choisis pour faire cette estimation et pour y donner plus de poids, et « en cas que les susdits experts ne pussent s'accorder sur quelque article », on nomma aussi Pierre Chaussegros, jurisconsulte de la ville d'Aix. On sait qu'auparavant, l'imposition annuelle au profit du souverain était fixée à 15 sols par famille. Si une dépense extraordinaire ou un emprunt devaient se faire en faveur de la Communauté, chacun, suivant sa fortune, y subvenait pour sa part.

Un privilége du roi de Provence était venu témoigner de ce progrès dont nous parlions plus haut; par un rescrit royal donné à Tarascon, le 12 mars 1405, adressé à « noble Pierre d'Allamanon, à Raimond Vincent et Galas d'Agoult (fils de Rostan), conseigneurs de Rognes, et à toute la Communauté, le roi Louis II prend sous sa protection toutes les personnes du territoire de Rognes. Il défend aux gens d'Aix et aux autres voisins de faire des dommages avec leurs troupeaux sur les terres du dit lieu ; il prend sous sa sauvegarde la Communauté et ordonne que ses armoiries soient gravées ou affichées dans toutes les principales avenues qui sont à ce territoire et que l'on fasse publier ce présent rescrit dans tous les pays voisins. Ceux qui, malgré ces défenses, causeraient des dégâts seront punis sévèrement. »

Deux filles, Delphine et Jeannette restaient seules les héritières de Pierre d'Allamanon ; un double mariage les unit à Pierre de Vincent et à Galas d'Agoult ; les deux conseigneuries, les deux familles furent par là confondues, et désormais, les d'Agoult seront les uniques seigneurs de Rognes (1428.)

CHAPITRE IV

*Nouveaux seigneurs. — Les deux Fouquet. —
Honoré d'Agoult.*

I

Le nom d'Agoult était, au Moyen-Age, un des plus célèbres de la Provence. Son origine remonte au-delà de l'an 1000 et la légende merveilleuse qui l'entoure, bien qu'elle ne soit peut-être qu'une fable, n'est pas sans jeter un éclat de plus sur ce berceau reculé. Quoiqu'il en soit, le comté de Sault ou seigneurie d'Agoult, jouit de nombreuses prérogatives sous l'Empire et sous les comtes; son indépendance ne fut jamais discutée. Charles Ier « dans tout l'éclat de sa puissance n'avait pu en recevoir l'hommage. » (1) Il fut pourtant rendu en 1291 par Isnard d'Entrevennes, chef de la maison d'Agoult, à Charles II, pour la terre et la vallée de Sault. (2)

Du XIe au XVIe siècle, ce nom est inscrit sur presque toutes les Chartes ; celui qui le porte est tantôt conseiller intime des Comtes de Forcalquier ou arbitre entre différents seigneurs ; tantôt, témoin dans les contrats de mariage et les traités ; d'autres fois, il est caution dans les démêlés et député de la noblesse. (3)

En 1350 Raymond d'Agoult est nommé grand sénéchal de Provence par la reine Jeanne Ire ; son frère Fouques lui succéda dans ces hautes fonctions, ces deux personnages furent exécuteurs testamentaires de Louis Ier d'Anjou.

---

(1) August. Fabre — *Histoire de Provence*, t. II. p. 252.
(2) Papon. — *Pr. de l'Histoire de Provence*, t. III.
(3) Voir tous les historiens de Provence.

Fouques d'Agoult posséda à diverses reprises la charge de sénéchal ; il mourut à Arles, le 29 décembre 1385 ; le roi et la reine-mère assistèrent à ses funérailles.

En 1400, un autre Raymond d'Agoult fut choisi, ainsi que Louis Meyronis, comme ambassadeur de Louis II pour conclure le mariage de ce prince avec Yolande d'Aragon.

Rostan de Vincent que nous avons vu présider un conseil des chefs de famille, était issu de la famille d'Agoult par une branche cadette. Il devint conseigneur de Rognes, en achetant les propriétés de Beaulieu et de Tournefort. Il avait été député en 1336 par la ville d'Aix, auprès de la reine Jeanne Ire pour la supplier de ne plus aliéner les droits ni les terres du Domaine.

Le successeur de Rostan, fut son fils Raimond de Vincent, les deux fils de celui-ci, Pierre et Galas acquirent la terre de Concernade, et se bâtirent, au pied des remparts du village, une maison qui, bien que d'apparence très simple fut appelée château (1) 1412. Ils contractèrent ensuite le mariage dont nous avons parlé au chapitre précédent et se voyant seuls maîtres de la place, ils furent tentés d'élever quelque nouvelle prétention ; ils succombèrent à la tentation, car, la Communauté fut sur le point de plaider, mais cette affaire traîna en longueur, elle se termina enfin le 17 mars 1433, par une transaction passée dans la cour du château en présence de la famille du seigneur et des trois quarts des habitants. Cette transaction se réduisit à quatre articles, dont voici la teneur.

Hommage : — Les conseigneurs exigeaient que les gens de Rognes prêtassent hommage et serment de fidélité, suivant la forme du droit à eux et à leurs descendants ; ils étaient convenus néanmoins que l'hommage qu'on rend au

---

(1) Cette maison a été acquise par Mlle de Saint-Julien, au profit d'uue école gratuite de filles, dirigée par les sœurs de la Présentation de Marie. Mlle de Saint-Julien a également doté l'école des Frères ; grâce à la générosité de cette bienfaitrice, les enfants du pays reçoivent gratuitement l'instruction et l'éducation religieuses. Mlle A. Jouve a aussi concouru à la fondation de l'école des Frères, en leur léguant le local et une somme importante.

seigneur et à la dame *ne leur donne ni plus d'honneur, ni plus de droit.*

Albergue : — Les parties contractantes convinrent que ladite commune et les particuliers d'icelle, ainsi que leurs successeurs, ne seraient jamais tenus, tant de droit que de fait, au paiement d'aucune imposition sous le titre d'albergue, en général, et en particulier ils seront dispensés de toutes sortes de présents envers leurs seigneurs, soit à l'occasion de la captivité dudit seigneur, soit à l'occasion du mariage du seignenr et de la dame, et même de leurs fils. Quant aux filles, c'est à la bonne volonté de la communauté de telle sorte que ce soit plutôt par libéralité d'icelle que par nécessité.

Pâturages. — Il fut décidé et statué qu'à l'avenir, le seigneur ne pourra vendre, ni louer les herbages, pâturages, et la faculté de paître à des étrangers pour leurs troupeaux tant gros, que menu bétail sans le consentement et volonté de la communauté, et le produit serait à partager par égale part entre le seigneur et la communauté.

Chasse : — On ne chasserait aux lapins qu'à partir du 1ᵉʳ novembre jusqu'au mardi gras, inclusivement, sous peine de 25 sols couronnats pour chacun et chaque fois applicables à la cour des conseigneurs. Aucun particulier ne pourra chasser dans le défends appartenant au conseigneur ; il fut aussi convenu que le seigneur n'aurait pas le droit de chasser dans le temps prohibé ; s'il le fait, il sera *permis aux particuliers de chasser impunément dans le terroir et durant toute l'année.* Défense était faite aux étrangers de chasser, à moins d'un permis accordé par les syndics ou par le seigneur, etc., etc. Le seigneur et les particuliers avaient le droit de chasser en temps prohibé à l'occasion de leurs noces ou de celles de leurs enfants. Il fut également statué que les seigneurs contribueraient à l'avenir, avec la communauté, aux dépenses auxquelles le droit et la coutume les soumet. Le seigneur était tenu d'établir pour expédier les affaires. un juge ou bayle et un notaire tous gens de bien pour être les témoins du seigneur et non ses domestiques. »

Cette transaction, toute conciliante, et monument des mœurs d'un autre âge, fit cesser les contestations et donna la solution de toutes les difficultés soulevées. Le 1ᵉʳ article n'existait que pour la forme, puisqu'on était convenu d'avance « que l'hommage qu'on rendait au seigneur ne lui donnait ni plus d'honneur, ni plus de droit ». Le second et le troisième dénotent la bonne foi de chacun et consacrent en toute loyauté les franchises de la commune et la liberté des habitants. Dans le quatrième, on reconnaît les malicieuses façons du caractère provençal ; la boutade de nos manants laisse à entendre qu'ils exerçaient le pouvoir de concert, ou de moitié, si l'on veut, avec le seigneur, et que jamais une de ces moitiés ne devait empiéter sur l'autre. D'après ces clauses, le seigneur n'était qu'un propriétaire un peu plus important et plus riche, peut-être, que les autres, et jouissant d'honneurs et de droits très restreints : ses vassaux n'étaient donc point bien malheureux et leur sort pas tant à plaindre qu'on a voulu le dire ; aussi, cette époque marque la prospérité, le bien-être et la paix des habitants ; les reconnaissances d'alors déclarent les terres franches de toute cense ; on abandonna le four à cuire le pain, situé au dessous de la citadelle, et en 1455, Raymond Fabri céda à la commune le local de deux autres fours, moyennant une redevance annuelle. Plus tard, les d'Agoult achetèrent eette redevance ; les fours, néanmoins, ne devinrent pas banaux ; la commune fut affranchie du droit d'indemnité, par un arrêt du Parlement en date du 3 mai 1614. A l'affouagement de 1471, elle était estimée dix feux, il y avait réellement augmentation de familles attachées au sol. Rognes possédait aussi des moulins à farine, ceux-ci devinrent nombreux dans la suite, on peut en juger par les tours qui dominent les coteaux aux alentours du village.

II

Pierre de Vincent mourut en 1485, ne laissant qu'un rejeton, son arrière-petit-fils ; Galas était mort sans postérité, il est à supposer que son frère Pierre hérita de Beaulieu, et son parent, Fouquet d'Agoult, seigneur de Sault, de quelques autres terres, puisque à la mort de Pierre, 33 reconnaissances sont passées sur le nom du seigneur de Sault.

Fouquet d'Agoult, dont il est question ici, était un personnage remarquable de la cour du roi René, honoré de son amitié et chevalier du Croissant. Louis de Beauveau, dans la description du tournoi de Tarascon, dit en parlant de ce gentilhomme :

« En tous états un gentil Chevalier »
« Et en joûtes assez expert et beau. »

Il fut l'un des témoins du testament de René (1); ce prince le fit appeler avec le sénéchal Pierre de la Jaille, Palamède de Forbin et Jean de Matheron auprès de son lit de mort, et, c'est en leur présence, qu'après leur avoir adressé ses adieux, il fit ses recommandations suprêmes à Charles du Maine. Fouquet d'Agoult présida la cérémonie des funérailles (2) du souverain le plus populaire et le plus regretté qu'ait eu la Provence, et, croyant toujours être fidèle à sa mémoire, il soutint René II, duc de Lorraine, dans ses prétentions sur le Comté-Uni (3).

Les révoltés ayant échoué dans leur entreprise, le comte de Sault, abdiqua, pour ainsi dire, la vie publique ; Pierre de Vincent l'avait nommé tuteur de son arrière-petit-fils, il en était déjà le parrain, il lui avait donné son nom et reporta sur lui toute son affection. Par son testament du 19 août 1491, il lui légua les terres de Volonne et de Lourmarin, et le chargea de porter son nom, ainsi que ses armes, avec la recommandation d'orner le loup de son blason d'un collier à clous d'or.

La commune est fière, à juste titre, de Fouquet de Vincent d'Agoult, caractère doux et pacifique, affectionnant les pauvres et aimé du petit peuple dont il était le roi ; les annales de Rognes ne rappellent aucune tracasserie de sa

(1) Papon, t. III, p. 376, n.
(2) August. Fabre, t. II, p. 455 et 457.
(3) *Ibid.*, p. 464.

part, elles ne lui donnent, au contraire, que des éloges ; il fonda à la paroisse l'autel de Sainte-Barbe (1) et une messe à perpétuité pour chaque semaine de l'année, il fit placer à côté de cet autel un banc réservé à la famille seigneuriale. Par une de ses dispositions testamentaires, il léguait aux pauvres de la communauté, deux brebis, du pain et du vin pour leur être distribués annuellement, le jour de Sainte-Barbe, et 15 livres en argent payables par les seigneurs, ses descendants, aux recteurs de l'hôpital. Ce jour-là donc le village était en liesse et l'on buvait joyeusement à la mémoire du bon seigneur.

Fouquet d'Agoult mourut en 1535, il laissa cinq fils d'Anne de Bouis, qu'il avait épousé à Arles, en 1490.

III

Honoré, l'aîné des fils de Fouquet, lui succéda dans la seigneurie de Rognes ; d'après le manuscrit de M. Martin, il fut loin de ressembler à son père : autant l'un était paisible et affable, autant l'autre était inquiet, querelleur et hautain ; il se plaisait, paraît-il, dans les contestations ; aussi se renouvelèrent-elles souvent pendant sa vie. Las de ces choses et pour amener une tranquillité dont les habitants connaissaient le prix, attendu qu'elle avait été de longues années leur partage, les chefs de famille, par ordre de Jean Labon, bayle, et à la requête d'Antoine Reï, de Jean Olivier et de Noël Chave, syndics, tinrent un conseil général, assemblé pour la première fois, dans la maison commune actuelle ; (elle avait été bâtie en 1532), presque tous s'y trouvaient « les présents se firent forts pour les absents » et, par eux, les syndics et les procureurs de la commune furent autorisés à passer avec Honoré d'Agoult une transaction que nous donnons dans toute sa

---

(1) Cet autel est aujourd'hui entretenu par les soins gracieux de M. et de Mme Pécout.

substance ; malgré le caractère turbulent du seigneur, elle ne renferme aucune de ces exigences qu'on a signalées à la haine du peuple.

On commença par fixer les limites du défends seigneurial, et, chose qui étonne l'abbé Martin, le premier syndic les établit lui-même ; on confirma au seigneur la possession des vallons du Dragon et du Veste. Il fut convenu que lorsque les troupeaux de brebis et de chèvres appartenant à quelque habitant de Rognes seraient trouvés dans le susdit deffends, les délinquants payeraient au seigneur un florin d'amende pour le jour et deux pour la nuit ; les chevaux, mulets et autres grosses bêtes payeraient deux sols pour le jour et quatre, la nuit.

Art. ii. — Les propriétés qui, se trouvant sous la directe du seigneur de Rognes, viendraient à être aliénées par la communauté ou par les habitants, il serait payé au seigneur 6 liards par francs ; ceci est le droit de lods et ventes, c'est la première fois qu'il en est question, il fut accordé sans contestation, parce qu'il était général et en usage sous l'ancien régime.

L'auteur de l'histoire de Modène (1) fait à ce sujet, remarquer, avec à-propos, que ce droit, sous le titre de mutation est onéreux depuis 1789 ; on y a ajouté, dit-il, l'impôt mobilier et foncier, les droits de quittances, etc.

L'article 3me porte une sage précaution pour les temps de peste.

Art. iv. — La communauté aura la faculté de nommer un bannier ou garde du terroir, à ses gages.

Art. v. — Le produit des dommages que les troupeaux des communautés voisines pourraient faire dans les terres de Rognes, serait à partager entre le seigneur et la communauté, qu'ils soient trouvés dans les terres seigneuriales ou communales ; pour les dommages causés par les troupeaux des habitants, il en sera payé un tiers au seigneur et deux tiers à la communauté.

Art. vi. — Pour toute personne trouvée cueillant plus de trois raisins pour chacun et chaque fois, il sera payé un

---

(1) J.-L. Prompsault, curé de Modène (Vaucluse).

liard dans le jour et deux dans la nuit ; pour un chien trouvé aux vignes, il sera payé un sol le jour, et deux la nuit. Tout enfant de 10 ans et au dessous, ayant commis du dégât dans la campagne, sera dénoncé au bayle du seigneur et aux syndics de la commune ; les dénonces faites par le bannier contre les habitants des pays voisins, seront à partager entre le seigneur et la communauté.

Art. vii. — Les habitants auront la faculté de couper du bois par tout le terroir, excepté dans le défends seigneurial tant pour leur usage que pour vendre dans le lieu ou ailleurs ; ils pourront faire des fours à chaux et du charbon pour leur usage seulement.

Art. viii. — Les habitants auront, en outre, la faculté de prendre toutes sortes de bétail à mégerie ou autrement sans la permission du seigneur. Les bergers étrangers sont tenus, huit jours après qu'ils auront amené leur bétail dans le terroir, de le notifier aux syndics et au seigneur. Cet article contient aussi une disposition touchant les bestiaux donnés à cheptel, mais nous ne voyons pas encore aucune mesure arbitraire, aucune injustice criante ; la dignité, les droits de chacun étaient gardés.

Il fut convenu de plus que les habitants de Rognes, finiraient de construire les remparts ; le seigneur aura la clef d'une porte qui donne entrée à la forteresse, et les syndics garderont l'autre pour y aller quand ils voudront.

Les syndics feront réparer les murailles du fort, et combler les souterrains qui sont en dehors ; ils auront l'usage du fort et ils pourront aller partout, excepté dans la maison du seigneur, laquelle se trouve dans ledit fort.

On s'en rapporta, pour la chasse à la transaction de 1433.

Les parties contractantes terminent par s'entr'acquitter des dettes qu'elles pourraient avoir entr'elles, et même « de tout ce qu'elles avaient retiré mal à propos, les unes vis-à-vis des autres ; » elles promettent de vivre à l'avenir dans la plus grande union. Cette union ne fut, en effet, plus troublée et chacun put vaquer à ses occupations ou à ses plaisirs sans se porter aucun préjudice.

C'est ainsi qu'en ces temps, dont certaines plumes passionnées ont assombri l'histoire, les seigneurs et le peuple savaient vivre dans une harmonie qui n'est plus qu'un rêve aujourd'hui. Les transactions dont, à dessein, nous reproduisons en entier les articles, protestent contre les mensonges des écrivains peu soucieux d'étudier le passé à ses sources.

CHAPITRE V.

*Les Forains. — Les Maires et les ménagers
de l'ancien régime.*

I

Entre le seigneur et ses vassaux, il s'éleva une classe qui mérite une place à part et que nous nous reprocherions d'omettre dans cette monographie, nous voulons parler des forains, corps important, dont il sera question quelquefois ; habitant leurs terres ou la ville, ils ne se rattachaient pas moins à la Communauté. Quelques-uns de leurs descendants jouissent encore de ces possessions patrimoniales, aujourd'hui, ils sont à la tête de toute œuvre de bien, du dévoûment et de la charité sous toutes ses formes.

Voici les proprietés qui datent des XV° et XVI° siècles ; en temps opportun, nous parlerons de celles qui se sont formées dans la suite.

Un des plus anciens domaines du terroir de Rognes est celui de Valfère, il fut créé par Fouquet d'Agoult et destiné à Nicolas, son dernier fils ; celui-ci prit le titre de la terre et on ne l'appelait que M. de Valfère ; il mourut sans postérité, la terre et le titre retournèrent aux aînés d'Agoult, qui devinrent par là, seigneurs de Rognes et de Valfère.

Quelquefois la famille se fonde en même temps que le domaine et alors des pensées graves et religieuses y président ; elles sont comme le sel qui les préservera de la corruption et assurera leur perpétuité ici-bas. Ainsi, Antoine Ollivier ou Ollyvarii, conseiller au Parlement de Provence, fonda en 1517 la propriété à laquelle il donna son nom ; il voudrait bien, disait-il, que ce nom d'Ollivier répondit à son image sur la terre, à l'arbre qui porte de bons fruits ;

en tête de son livre de raison « ou mémorial de ses affères, » il inscrit cette belle sentence tirée des livres saints : *Ego autem sicut oliva fructifera, in domo Dei speravi, in misericordia Domini in œternum et in sœculum sœculi.* » Devenant père de famille, à la naissance de son fils, il écrit sur le même parchemin : « A la louange de Dieu...... Dieu luy doint longue vie et lui fasse la grâce d'estre homme de bien ! » Ce fils, Jean-Pierre d'Ollivier lui succéda dans sa charge de conseiller, et entrant dans la vie publique, il note dans le livre de famille une autre sentence exprimant que la médiocrité de la fortune, vaut mieux dans la pratique du bien que la richesse dans le vice et le mal, et il cite à l'appui un verset du psaume 36 (1). Ces fortes pensées ne sont point stériles pour ceux qui les traduisent ; ils savent, en toute occasion, joindre la pratique au précepte. Jean-Pierre d'Ollivier fut un des rares magistrats demeurés, au plus fort de la guerre civile, fidèles au roi et qui, d'après Papon, abandonnèrent leurs femmes et leurs enfants pour remplir leur devoir dans un moment périlleux ; aussi tous les historiens de Provence ont-ils rendu hommage à leur intrépide fermeté. Une émeute ayant eu lieu à Aix, au sujet du transfert de la Chambre des comptes, le conseiller d'Ollivier fut nommé commissaire avec trois de ses collègues pour l'apaiser, 1630.

Tournefort, érigé en fief, constitua la dot de Marguerite, fille de Pierre de Vincent ; elle épousa en 1477 Elzéar de Cadenet et le fief de Tournefort passa de la maison d'Agoult à celle de Cadenet. En 1587, pendant la peste qui désola la Provence, Pierre de Cadenet, conseiller au Parlement, se retira avec sa famille et ses gens dans sa terre de Tournefort. Appelé au Conseil de la Communauté, il fit le détail des ravages affreux que le fléau avait faits dans la capitale de la province, et les habitants de Rognes prirent de plus grandes précautions contre la peste. Son frère, le chanoine de Cadenet, fut l'un des députés de la ville d'Aix, auprès du duc d'Epernon, pour reconnaître celui-ci gouverneur de

---

(1) V. *Les Familles et la Société en France avant la Révolution*, chap. II, p. 35 et 46.

la ville ; ce chanoine hérita du fief de Tournefort. A peine le possédait-il, que le fermier des droits seigneuriaux du Luminaire de Notre-Dame de Belvézet lui intenta procès au sujet de censes dont la terre était grevée sur quelques-unes de ses parties avant d'être déclarée noble ; le chanoine perdit le procès et mourut sur ses entrefaites ; sa belle-sœur, qui était aussi son héritière, s'acquitta envers le Luminaire de tous les arrérages.

Pierre Pitton acheta du troisième fils de César de Cadenet le domaine de Tournefort ; cette famille l'a gardé plus d'un siècle ; le fils de Pierre Pitton, le célèbre botaniste Tournefort, étant, par un arrêt du conseil privé du roi, déchargé du paiement de ses tailles, fit une sommation à la Communauté, afin qu'elle retirât son nom et ses propriétés du livre terrier et de la matrice des rôles.

En 1568, Honoré d'Agoult vendit à Alby de Châteaurenard, conseiller du roi en la Cour des Comptes d'Aix, le domaine des Crottes ou de Bress « avec la directe, droit de juridiction et seigneurie basse, ainsi que le seigneur de Rognes les a ci-devant tenues et possédées. » Ce domaine resta aux Châteaurenard pendant plusieurs siècles ; une demoiselle de Châteaurenard ayant épousé M. de Saint-Paul de Reillane, président au Parlement, et étant morte sans postérité, son mari vendit Bress en 1772 à M. Payan de Saint-Martin, aïeul maternel de Mlle de Saint-Julien, (1) bienfaitrice insigne du pays.

Cette même année 1568, l'avocat Pellicot, d'Aix, acheta de Galas de la Roque, le grand Saint-Paul, bien roturier, relevant des directes de la cure ; Rias, alors recteur de la paroisse de Rognes, toucha les droits de lods ; mais tant de charges incombaient aux aînés de famille, que le nouveau propriétaire n'en jouit pas longtemps ; c'est ce même Pellicot Jehan qui avait rendu inaliénable la maison construite à Aix par son père (2), peut-être est-ce pour la conserver que lui ou

---

(1) Une noble et digne famille, celle du vicomte de Salve a été appelée à recueillir la succession des œuvres et de la fortune de Mlle Saint-Julien, décédé le 25 août 1884.

(2) Voir : *Les Familles et la Société en France avant la Révolution* p. 206.

ses fils se défirent du grand Saint-Paul. D'après le cadastre de 1589, elle appartient à cette époque à Henri de Raffelis qui épousa Julie d'Agoult, et la terre du Grand-Saint-Paul demeura comprise dans les biens seigneuriaux, mais en étant toujours soumise à la taille roturière.

Plus tard, un autre Pellicot posséda quelques années le Petit-Saint-Paul, il le vendit en 1665 à Louis Arquier de Lambesc ; cette propriété demeura près de deux cents ans le bien de la même famille ; elle appartient maintenant à M. Barcilon, avocat de Carpentras.

Barbebelle fut primitivement possédé par les Barlatier, de Rognes, puis par l'avocat Perrin, par les de Vergnon, ensuite par Jean-Joseph Mollet, visiteur général des gabelles, parent de M. Magnan, aujourd'hui propriétaire de ce domaine.

Le gracieux château de Beaulieu, fief d'Imbert de *Rongnis*, appartint successivement aux d'Allamanon, aux d'Agoult, au général Félix, aux de Robineau, à la famille de Beaulieu et enfin, actuellement, à celle de Candolle.

Etaient encore forains, Estève Chapus, propriétaire de la Chapusse ; l'avocat Eyguesier ou noble homme de la Javi, propriétaire de la Javi ; Boniface Cabanne, du Cautadou, auquel il donna son nom en 1589 ; au siècle suivant, Cabanne appartenait au général d'Estienne ; les descendants du général y ont joint d'autres propriétés sur les confins du terroir de Rognes, et les revers de la Trévaresse.

En 1663, les Pères de l'Oratoire d'Aix, acquirent de l'avocat Ortis, le Jas blanc et firent partie des forains. Ceux-ci n'étant pas domiciliés à Rognes, ne pouvaient se rendre assidûment aux assemblées communales ; pour y remédier ils nommèrent un des leurs chargé de les représenter aux conseils et dans toute affaire où ils étaient intéressés ; ce représentant s'appela syndic des forains ; de père en fils, cette charge était exercée par un membre de la famille d'Estienne ; le syndic se donna aussi son remplaçant ou substitut, homme du pays ; le premier revêtu de cette nouvelle qualité fut Jean Barlatier.

II

Nos modernes politiques nous ont représenté le peuple de l'ancienne France sous un jour défavorable, on n'a pas eu assez de couleur noire pour peindre ces seigneurs orgueilleux et despotes, levant le fouet sur le pauvre bonhomme. D'après ces données, on se figure celui-ci endoctriné par les prêtres et servilement courbé devant les exigences et les caprices d'un gentilhomme entiché de ses titres.

Lorsqu'on a vu à l'œuvre tout ce monde d'autrefois, nobles, bourgeois et manants, ces préventions se dissipent, la clarté et la véracité de l'histoire ont raison des mensonges. Nulle étude n'est plus instructive, ni plus féconde en enseignements; on saisit les vrais rapports des classes entr'elles. Tout au bas de l'échelle gouvernementale, les modestes fonctionnaires de village, investis des fonctions municipales, donnaient l'exemple; ils exerçaient leur charge dans la plénitude de leur liberté, dans la droiture de leur conscience, leur dévoûment envers tous et leur attachement pour le sol natal. Ces familles de bourgeois dans les rangs desquels se recrutaient les hommes consulaires étaient un bienfait pour le pays et une des conditions de sa prospérité matérielle. A Rognes, comme ailleurs, ces familles sont nombreuses au Moyen-Age. Au premier rang se place la famille Pagi de laquelle nous nous occuperons plus tard et celle de Simon dont les membres ont toujours rempli une charge quelconque dans la Commune; cette dernière famille a produit des notaires, des hommes distingués et profondément attachés au peuple de Rognes qu'ils défendirent envers et contre tous. L'avocat Simon était « l'âme de la Communauté; « il fut reçu avocat-général en la Cour des Comptes, l'an 1652; plusieurs de ses descendants furent avocats au Parlement. »

Les Barlatier s'établirent à Rognes au milieu du XV° siècle; ils possédaient les deux Kurniero et Fontmarin; une lignée de magistrats et d'écuyers honorèrent ce nom et, s'ils servirent dignement leur pays, ils ne méprisèrent point le petit coin de terre où ils avaient pris naissance. Les Barlatier étaient incessamment à la tête des affaires de la Communauté ; il y étaient si dévoués que Barlatier, seigneur de Saint-Suffren et par conséquent propriétaire à Lambesc, ne pouvait refuser le Consulat de Rognes ; les suffrages de tous l'y portaient.

Citons encore la famille Rias qui a donné des prêtres à la paroisse, la famille Fabre, propriétaire de Robert, Escaillon, de Saint-Christophe ; les Gras, viguiers du seigneur, consuls ou notaires depuis le XVI° siècle jusqu'à la Révolution. Les Fabry, les Deferri, Ventre, Arnaud, Roumieu, etc..... étaient classés dans la bourgeoisie.

Qu'un danger menaçât le village, que quelqu'un voulût porter atteinte à ses droits, on était sûr de trouver ces braves bourgeois sur la défensive. Si le *Caveant Consules* eût résonné à leurs oreilles, ils n'eussent été ni plus attentifs, ni plus vigilants.

Nous pourrions en citer de nombreux exemples, nous nous bornerons à mentionner les plus saillants. L'église paroissiale de Saint-Martin était en 1557 dans un délabrement complet ; les consuls sollicitaient les chanoines pour qu'ils fissent faire les réparations convenables ; ils s'adressèrent même à l'archevêque d'Aix, mais, ennuyés de ces longueurs, ils présentèrent une requête au Parlement pour contraindre le chapitre à contribuer aux réparations que nécessitait l'église. Le Parlement nomma un commissaire pour se rendre sur les lieux et examiner avec les avocats des parties l'état du bâtiment. Le commissaire fit jurer sur les Saints-Evangiles aux syndics Etienne Barlatier et Geoffroi Gras, au curé Jérôme Penchinat, aux prébendés Antoine de Coriolis et Jean de Léone, protonotaire apostolique et aux experts : « de ne rien dire, ni faire contre leur conscience et se montrer en tout vrais et sincères. » Les chanoines offrirent de donner 240 écus d'or (720 fr. de notre monnaie) et on passa une transaction qui, par arrêt du Parlement, fut homologuée.

Les consuls eurent l'occasion de déployer leur zèle, lors

de la grande peste ; leur conduite fut admirable en cette circonstance; ils surent prouver que si la frayeur avait saisi et consterné les habitants, ils savaient, eux, conserver leur sang-froid pour agir et prendre toutes les précautions suggérées par la prudence. D'abord, il fut décidé qu'aucune personne étrangère ne serait admise dans le village, hormis celles qui venaient de la part du roi. Dans un conseil communal, on nomma trois intendants de santé pour la campagne et deux pour le village ; ceux-ci avaient ordre d'entrer une fois par jour, dans chaque maison et de se faire présenter tout individu ; au moindre symptôme de contagion, on transportait les pestiférés au Jas-blanc, à une demi lieue du pays où était située l'infirmerie. Les portes du village furent fermées et gardées nuit et jour par huit hommes, celle de la fontaine eut un second capitaine. La même délibération porte que si quelqu'un doit, pour des raisons particulières, se rendre à Aix, où le fléau sévissait avec force, on lui donnera une escorte, et il parlera du haut des remparts, à la personne avec qui il a affaire, sans entrer dans la ville.

Nos Consuls craignirent ensuite de tenir les assemblées à la maison commune ; ils convinrent de se réunir, le 25 octobre, dans la campagne, à la propriété de Jean Simon, snr le terroir de Saint-Cannat ; ce conseil fut présidé par Simon Escaillon, viguier du seigneur. D'un commun accord, il fut décidé de rétribuer les personnes qui soignaient les pestiférés et de les payer comme la ville de Lambesc payait les garde-malades ; le chirurgien de l'infirmerie recevrait 2 liv. 8 sols, par jour.

Le mois suivant, un autre conseil fut tenu à la carrière de pierres, alors bien communal ; quelques semaines après, au cœur de l'hiver, tous les chefs de familles valides n'hésitèrent pas à se rendre sur la petite place du marché, pour se rassurer mutuellement et montrer comment ils entendaient la fraternité prêchée par l'évangile, et non par les philanthropes, par l'évangile, qu'ils connaissaient et qu'ils savaient surtout pratiquer. Ces hommes là étaient liés par une étroite solidarité, ils sentaient les douleurs qui atteignaient leurs frères et ils voulurent dédommager, dans une certaine mesure, ceux qui avaient été frappés ; il y eut, sans doute, des morts, mais par les soins charitables qui avaient été prodigués, beaucoup de malades guérirent et la communauté résolut de payer les intendants de santé, les distributeurs de vivres, les gardes des portes et l'apothicaire. Le compte de celui-ci s'élevait à 400 florins pendant trois mois que la peste avait séjourné à Rognes ; c'était les trois derniers mois de l'année 1587.

D'ailleurs personne ne restait en arrière dans ce combat où les mots d'ordre étaient : travail, économie, abnégation, patriotisme. Tout mot qu'on honore est une force, a dit un profond métaphysicien de nos jours ; nos pères honoraient ces mots qui sont maintenant profanés et dont on ne comprend plus le vrai sens ; ils devenaient pour eux des réalités sublimes ; l'effort individuel formait le progrès public et la sécurité de tous. A côté des bourgeois, grandissait l'armée des travailleurs, de ceux qui labouraient la terre et lui confiaient la semence ; ceux-là sont admirables à suivre dans les actes importants de la vie et leur labeur de chaque jour ; ils offrent des modèles qu'on ne sait plus imiter. Satisfaits de leur sort, ils ne portaient pas un œil d'envie sur leur voisin ; travaillant au contraire, sous le regard de Dieu, ils avaient de leur position un sentiment de dignité et de grandeur qui les ennoblissait et si leurs manières extérieures étaient quelque peu rudes, le cœur n'en était que meilleur, semblables à ces végétaux dont l'écorce rugueuse recouvre un suc bienfaisant. Souvent, une modeste fortune fruit de leurs travaux, de leur patience infatigable et d'une épargne rigoureuse était le partage de ces ménagers ; elle leur assignait une place honorable et leur permettait de se conduire avec libéralité. Les archives communales nous ont transmis le nom de ceux qui, dans un moment de détresse, offrirent spontanément des vivres pour entretenir la compagnie de Rognes sous les ordres de Vincent d'Agoult. Jusqu'alors, les syndics avaient levé des subsides à cet effet, maintenant, le peuple était épuisé et à bout de moyens ; il fallait sortir de cette impasse par un autre expédient et suffire aux demandes légitimes, mais nombreuses, qui étaient adressées. Pressés de part et d'autre, et ne voulant pas trahir leur mandat, les syndics allaient quitter leur poste, lorsqu'un habitant de Rognes, Louis Boyer, donna 50 charges de blé et 50 charges de seigle ; Pierre Barlatier, ménager, offrit 200 écus d'or « pour faire face aux dépenses les plus urgentes ; » un boucher, Michel Reimond, fournit aux troupes de la garnison ou de passage 360 quintaux de viande, sans réclamer le secours de la communauté. — Sachant combien, au XVI° siècle les ressources étaient modiques, les épidémies, fréquentes, l'industrie, peu développée et le commerce entravé par des guerres continuelles, on peut assurer que ces honorables citoyens s'imposaient un sacrifice réel qui doublait leurs mérites et la valeur de leur don. Les admirateurs du vrai et du bien se sont inclinés devant ces paysans aux mœurs patriarcales ; ils leur ont inspiré des paroles éloquentes, miroir fidèle de leur vie. Nous ne pouvons résister au désir d'insérer ici (c'est l'heure et le lieu) la belle page que M. de Ribbe leur consacre dans la Vie Domestique (1) : « On ne sait presque plus, de nos jours ce qu'était, ce que représentait autrefois, dans nos campagnes, la qualification, si expressive de *ménager*. Le ménager était le petit propriétaire foncier qui cultivait luimême ses champs héréditaires, sans avoir besoin du travail d'ouvriers salariés, et sans descendre jamais à cette condition. Il avait au plus haut degré conscience de sa situation indépendante et il a été pendant des siècles une des pierres angulaires du vieil édifice des libertés locales ; il en résumait dans sa famille l'esprit d'ordre et d'économie, la règle, la tradition populaire. Nous avons suivi ces ménagers avec une véritable prédilection, à travers l'histoire depuis l'an 1200 jusqu'en 1789. Nous avons essayé de les décrire dans leur coutume et aussi dans leur costume. Nous les avons vus en action, d'une frugalité et d'une simplicité de vie qui ne se démentaient jamais, et en même temps, d'une distinction de sentiments qui les élevait au niveau des classes supérieures, assez instruits souvent pour être en état d'écrire leur testament sans recourir à un notaire, ayant leurs livres de comptes, rédigeant leur

(1) T. 1, p. 18 et 19.

généalogie de la même main qui venait de tenir le manche de la charrue ; enfin, dans les conseils municipaux de l'époque, où ils avaient leur place marquée et dont les procès-verbaux de délibérations gardent beaucoup de leurs signatures, n'étant point embarrassés de siéger et d'opiner à côté des bourgeois, revêtant comme eux les beaux insignes de la magistrature, le chaperon.

« Ces *gentlemen* rustiques et aux mains calleuses mais dont la noblesse de cœur était égale à la droiture de leur esprit, ont depuis les temps les plus réculés (les cadastres en témoignent) constitué la petite propriété dans le midi de la France, et ils nous donnent l'explication d'un problème bien fait pour nous intéresser, celui de la longue durée des petites démocraties communales dans des pays où les imaginations et les passions sont naturellement si incandescentes. Ils personnifient à nos yeux les races qui, dans toutes les langues, ont porté avec honneur le nom de paysans ; et c'est à ces races qu'il faut s'adresser pour decouvrir le roc sur lequel, l'ordre public repose. »

Ces paysans menagers prenaient dans certaine circonstance la qualité de Prud'hommes c'étaient les experts des pays de *droit écrit* et aussi une réminiscence de ces jurisconsultes que les Romains appelaient *Prudentes*. Dans ce cas, ils faisaient autorité, leur décision était agréée, c'est surtout pour les cadastres que cet ordre de choses est accepté. On lit dans la préface d'un de ces documents :

L'an 1554 e 12 dal més dé fébrié ses accoumensa dé faïre lou cadastré e libré terrier del presen lio de Rougnos coumo appart par acte près par las mans de mestre Jean Simoum, noutari e aquo per counsetamen de tout lou coulegi e Parlemen ; esten counsen tous prudomés ; Peiré Miquèu, Jean Bouyer e Peiré Caïré, coumo aussi Honoura Martial, ai fa e escri aqués cadastré après avé agu destras touteis leis persounos doner par lou Parlamen fou ourdouna dé chousi trés Prudomés tan per evalua lei prouprietas qué per mi moustra lei limitos ; aquélei Prudomés soun : Nicoulas dé Ferri, Claudo Simoun e Francès Bounet leiquals m'accoumpagnérum, mi moustran las ditas prouprietas, mi baillan noum e surnoum dei prouprietari e evaluatien das ditas prouprietas, tan justamen que nous es esta poussiblé e afin qu'aquo siéguésse soulidé ai fa e escri aquestou libré cadastré tan justamen qué m'es esta poussiblé seloun Dieu e ma counsienso e selon ma petito poussibilita e par ceque aquo counten verita, me sieu soussigna.

Qu'on nous pardonne cette trop longue citation : nous l'avons rapportée volontiers dans toute sa naïveté. On aime à relire ces monuments d'un autre âge, vestiges d'une génération pleine de sens et de foi qui se peint ainsi elle-même, et dans la fermeté de ses croyances et dans son intelligence des affaires.

CHAPITRE VI

Rognes pendant les guerres de Religion.
Le capitaine Lasalle.

I

Nous voici à l'époque la plus mouvementée de cette histoire : jusqu'ici aucun fait extraordinaire, aucun événement remarquable, ne sert de relief à la trame uniforme et paisible de ce récit, mais nous touchons à la fin du XVI° siècle et la crise qui ébranla la France devait avoir aussi un écho dans le petit coin de terre qui nous occupe.

Hâtons-nous de dire que les habitants de Rognes restèrent toujours profondément catholiques, malgré les incertitudes et les apostasies du siècle. — Leur citadelle subit toutes les fluctuations des partis, mais eux demeurèrent inébranlables dans la foi romaine. Leurs seigneurs furent de fidèles royalistes et, tant qu'ils habitèrent le village, durant ces jours de trouble qui s'appellent les guerres de religion, ils couvrirent leurs vassaux d'une protection bienveillante. Honoré d'Agoult, deuxième du nom, fit partie des « députés en cour » qui se rendirent auprès du roi pour le prier de retirer le gouvernement de Provence au comte de Suze, chef des Razats qui guerroyaient toujours, se disputaient villes et villages avec le comte de Carces et désolaient la province par leurs pillages communs (1579). — Le frère d'Honoré, Vincent d'Agoult, équipa une compagnie qui suivait le parti du roi et était entendue sous le nom de compagnie de Rognes. La communauté, nous l'avons vu plus haut, subvenait à son entretien ; mais elle était réduite à la pauvreté par les gens qui vivaient à ses dépens. Les garnisons surtout la ruinaient peu à peu ; elles se renouvelaient sans cesse et les soldats parlaient en maîtres.

La citadelle du Foussa (1) servit de quartier aux troupes du fameux baron de Vins, nommé général de toutes les milices provinciales après la mort du Grand Prieur (2 juin 1585). On peut présumer que nos pauvres habitants n'y gagnèrent rien ; les historiens de Provence, rapportent que c'étaient partout des dévastations et des brigandages ; en admettant même que les maisons particulières fussent respectées, les champs n'en étaient pas moins ravagés, piétinés et devenus impropres à la culture. Le terroir de Rognes (2) fut plusieurs fois le théâtre des combats que se livraient journellement les Ligueurs et dans lesquels ceux-ci déployaient une valeur digne de la défense d'une meilleure cause. Telle fut l'action où le capitaine Dedons de Lambesc perdit la vie en poursuivant Beauregard, lieutenant de la Valette, qui s'était avancé jusqu'au portes de la ville d'Aix, et avait fait quelques prisonniers entr'autres le procureur Dise. De Vins crie au capitaine Dedons : Avez-vous peur ? celui-ci répond à son chef : « J'iray si avant, dans l'occasion que j'y resteray. » Il reçut, en effet, un coup mortel ; Beauregard aussi tomba raide mort et ses soldats en désarroi, prirent la fuite. Il n'est pas jusqu'au cheval de Beauregard, qui ne se conduisit bravement : n'ayant plus de maître il retourna sur ses pas, gagna la Durance et alla se rendre aux portes de Pertuis.

Le même lieu vit se renouveler, plus tard, un autre combat, non moins singulier. De Vins poursuivait Montgaillard, il l'atteignit sur le coteau de la Trévaresse, auprès de Rognes, dit Gaufridy, qui raconte longuement cet épisode ; les chefs, à quelques pas les uns des autres, s'adressèrent des railleries et des insultes, ils en vinrent ensuite aux mains, on se battit avec acharnement, Montgaillard y trouva la mort ; la nuit sépara enfin les combattants. Ces chevaliers, qui usaient si souvent de représailles et de tous les droits de la guerre, oubliaient parfois leurs querelles et se

---

(1) August. Fabre, T. 3, p. 252.
(2) Gaufridy, Hist. de Prov. liv. 13, p. 642.

conduisaient galamment dans l'occasion. Ainsi de Vins rendit le corps de Montgaillard à la dame de La Valette qui le réclamait, en disant qu'au regard des dames toute hostilité doit cesser (1).

Les royalistes fuyant devant Besaudun cherchèrent un asile dans la citadelle de Rognes ; ils eurent un meilleur sort que ceux qui s'étaient réfugiés à Mallemort : enfermés dans l'église où ils auraient dû être en sûreté, ils furent, au contraire, égorgés sans pitié. Notre citadelle était en ce moment sous l'obéissance de La Valette, gouverneur de Provence, il ordonna d'utiles réparations aux remparts, à la forteresse et fit doubler les gardes des portes ; il ne profita point cependant de ces travaux de défense, un autre en bénéficia, au détriment des pauvres habitants de l'histoire desquels nous allons retracer une des pages les plus sombres.

II

Il arriva dans le pays un capitaine d'aventure, gascon d'origine et du nom de Lasalle, en tête d'une compagnie de cent hommes pour former la garnison de Rognes ; il était envoyé par le duc de Montmorency au secours de La Valette, dont le crédit et le prestige faiblissaient, tandis que les Ligueurs voyaient s'accroître leur puissance. Lasalle eut l'adresse de se rendre indépendant, décidé à se ranger ensuite de l'avis du plus fort. Cette alternative ne tarda pas à se présenter : le duc de Savoie, sollicité par la comtesse de Sault, entra en Provence ; on lui décerna le commandement des armées et de la police ; il se préparait à aller mettre le siége devant Salon, lorsque le capitaine Lasalle vint lui offrir la place de Rognes (2). Charles-Emmanuel fit grande parade de cette rémission, il dit, ajoute Gaufridy, qu'elle serait de bon augure pour son entreprise. Salon capitula, en effet, le 4 décembre 1590, et les succès du duc

(1) Gaufridy et Augustin Fabre.
(2) Papon, t. IV, p. 295.

de Savoie augmentèrent chaque jour. Pendant qu'il se rendait maître de presque toute la Provence, de graves événements se passaient à Rognes.

Lasalle, le nouveau commandant, avait chassé le capitaine Boyer et Bernard d'Agoult, fils d'Honoré. Il se déclare, lui, le seigneur, et, pour preuves, fait dresser une potence sur la place principale, où les gens qui font la moindre objection sont pendus sans pitié. Il s'empare de la caisse du trésorier et surcharge la communauté d'impôts. Les femmes et les filles sont déshonorées. Le sinistre capitaine n'établit point sa demeure dans le village, à la maison seigneuriale devenue déserte par suite de ses mauvais procédés ; il se fixe au sommet comme pour mieux enfermer le peuple dans ses serres de vautour. Sa récréation favorite est de se mettre à la fenêtre du château-fort, et de là, avec une arquebuse, il vise tous ceux qui ont le malheur de s'aventurer dans la plaine, sous le fatal observatoire. La désolation est générale, on cesse de cultiver ses champs, on se compte avec effroi ; pendant les longues soirées d'hiver, derrière les portes verrouillées, les habitants se racontent, à voix basse, l'agonie de tel misérable, les convulsions du pendu, mort en maudissant le tyran, et on se demande quel sera celui qui demain paiera son tribut à la force. Les femmes se cachent et pleurent en secret. Cette situation ne peut durer plus longtemps. A qui s'adresser pourtant, lorsque la province entière est ensanglantée par l'ambition des chefs et la haine des partis ? Le meilleur expédient était peut-être de se faire justice soi-même. Les pères de famille voulant, à tout prix, secouer ce joug d'ignominie, se réunissent la nuit et cherchent le moyen d'enlever le capitaine par un hardi coup de main, ou de le faire périr d'une façon quelconque. Cette tentative offrait bien des difficultés ; si elle échouait, on encourait une vengeance terrible et on s'exposait à voir la garnison tourner les armes contre la malheureuse population. Du reste, un seul être de Rognes, avait accès auprès de Lasalle, c'était Pierre Cadet (qu'on a supposé pour cette raison, être son barbier) ; il fallait le gagner à la cause commune et calmer les scrupules de sa conscience. On lui représente que seul il peut délivrer le pays de l'oppression ; on lui promet une forte somme d'argent, ainsi qu'un cheval tout sellé pour l'emmener en lieu sûr.

Pierre Cadet, tout tremblant de la mission dont on l'a chargé, se rend près du commandant ; il le trouve penché à la fameuse fenêtre et ajustant un passant. Il y a tel moment où la vengeance réservée à Dieu seul, semble deviner pour un homme, un ordre impérieux de la volonté divine. Dans une seconde, le courageux Pierre l'a compris; la vue du tyran prenant sa distraction accoutumée, centuple ses forces ; il le voit prêt à faire feu et, d'une main de fer étreignant le cou de Lasalle, il le précipite de cette fenêtre d'où lui-même avait fait tant de victimes.

Pierre Cadet prend garde d'éveiller les soupçons des soldats, il descend précipitamment de la citadelle, monte sur le cheval qui l'attend au Lion d'or, et s'enfuit au galop.

La joie est grande à Rognes lorsqu'on apprend cette nouvelle ; Bernard d'Agoult accourt, il rappelle en hâte celui qui avait délivré la communauté d'une si horrible oppression, et on fait des fêtes et des réjouissances à ce sujet, 1591.

Gaufridy mentionne la fin tragique de Lasalle (1), seulement, d'après lui, le gentilhomme gascon aurait été décapité ; mais comme il est avéré que bourgeois et manants tremblaient devant lui, il n'était guère possible de le faire prisonnier avant de lui ôter la vie ; d'ailleurs, une tradition constante nous apprend que le tyran, après avoir été étranglé, fut jeté par la fenêtre de la citadelle.

Le château fut immédiatement occupé par le capitaine Boyer, un des partisans du duc d'Epernon, qui conserva la place de Rognes, jusqu'à sa soumission au roi Henri IV. Lorsque le duc fut obligé d'abandonner le fort Saint-Eutrope à Lafin, chargé de pacifier la Provence, il fit conduire les pièces d'artillerie à Rognes, qu'il appelait sa fidèle citadelle. Elle le fut réellement pour lui, et nous ne pouvons guère nous expliquer cet attachement, étant donné le caractère inhumain du gouverneur de Provence ; c'était maintenant un gouverneur rebelle qui était poussé dans ses derniers

---

(1) Liv. 15, p. 854.

retranchements. Ne pouvant prendre la ville de Salon, dans laquelle était enfermé le comte de Carces, il se refugia vers Rognes. Cependant, des défections avaient lieu dans les rangs de son armée, ses lieutenants passaient dans le camp royaliste, les villes arboraient le drapeau fleurdelisé et se ralliaient au bon roi Henri. D'Epernon, désormais trop faible pour résister, quitta la province (1595). Le Parlement et le duc de Guise ordonnèrent la démolition des places qui lui appartenaient encore (1). Rognes était du nombre ; le seigneur reçut 20,000 livres d'indemnité et la fière forteresse perdit sa haute dentelure de créneaux qui se découpait sur le ciel bleu ; elle qui avait si bien protégé les habitants contre les attaques des Sarrasins, dut être démantelée lorsqu'elle eut servi de boulevard aux rebelles. Le Parlement décréta qu'on ne laisserait subsister que la fenêtre d'où le capitaine Lasalle avait été précipité. Au milieu des débris qui gisent à ses pieds, ce mur découronné est debout sur sa base de granit, bravant les orages séculaires, pour redire comment la peine du talion frappa ce grand coupable.

---

(1) C'étaient les citadelles de Brignoles, de Saint-Tropez, Riez et Saint-Maximin ; les châteaux d'Hyères, de Manosque, Rognes, le Puech (le Puy Sainte-Réparade), Montpahon et Saint-Paul-lès-Durance, la Tour de Beauvezet et celle de Thoramènes, etc. Papon, t. IV, p. 410.

CHAPITRE VII

Eglise paroissiale. — *Confréries, Hôpital, fondations charitables.*

I

L'église paroissiale actuelle a été construite en 1607-1610; elle n'a qu'une seule nef et aucune architecture extérieure. Une façade très ordinaire flanquée de deux tourelles terminées par des créneaux, une tour ou clocher, dont la coupole (achevée en 1870-71) s'harmonise par son style et la blancheur de ses pierres avec la façade, voilà toute l'ornementation extérieure de cette église. Le mur nord du bâtiment faisait partie de la ligne de remparts qui protégeait le village au midi; seulement, pour en assurer la solidité, on le soutint par des contreforts et on ouvrit la grande porte (1) du même côté que ces constructions ; ce n'est qu'en 1866 qu'on a corrigé cette irrégularité en la plaçant à l'extrémité du bâtiment ; la façade date aussi de cette époque.

Si notre église n'offre aucune ornementation extérieure, nos pères ont voulu y suppléer en la dotant de magnifiques autels (2) ; cette unique nef qui serait peut-être ailleurs un défaut, revêt ici un caractère particulier ; à la première vue, l'œil est frappé par l'air de richesse que donnent les autels

---

(1) Elle fut construite en 1687 et coûta 375 liv. aux chanoines; ceux-ci supportèrent un tiers des dépenses qu'entraîna la construction de la nouvelle église. Ils donnaient, en outre, annuellement, la somme de 90 liv. pour l'entretien de l'église.

(2) Ils ont quelque analogie avec ceux de l'église de Saint-Maximin, une des plus belles du midi de la France. Les autels les plus remarquables de l'église de Rognes sont ceux de saint Roch et de saint Nicolas, dont les peintures sur bois sont fort anciennes et très bien conservées, ainsi que le bas-relief de l'autel de saint Denis.

latéraux, lesquels ont plus de relief sur les murailles nues et blanches, et la font ressembler à une sorte de *musée* religieux.

L'édifice reçoit le jour par huit fenêtres cintrées dont les verrières représentent différentes scènes de la vie de la sainte Vierge ; à l'exception du vitrail du sanctuaire sur lequel est peinte l'image du Sacré-Cœur. La rose de la façade reproduit le couronnement de la Sainte-Vierge.

La nef comprend quatre arcades, dans chacune desquelles se trouve un autel ; nous allons nous arrêter un instant devant chacun d'eux et abréger autant que possible cette étude qui sera plutôt une simple visite.

La première chose qui attire le regard, c'est en entrant par la grande porte, une plaque de marbre noir enchâssée dans un pilier et portant l'inscription commémorative de l'érection de l'église,

EGREII D · D · BONIF · DE

MONE · ET ANT · GA RAD EI

CANONICI · AQV E · RECTOR

PRIORÆ · GASPAR BERLAER

IOANES AVDER ET MICH ·

REINVD COSS - GESTIENE

ET CO TRIBVENT POP · HOC

TE MPLVM PRISTINO FVDITVS

BELIS EVERSO · AD HONORE ·

D - O - M · NEC NO B · M · V · SVIS

SVMPTI - COTRVERE CEPER VS

IOANE - RIASS - VICARIO ANIS

M · D · C · VII·

dont voici la traduction : « Les honorables seigneurs Boniface de Mons et Antoine Garidel, par la grâce de Dieu, chanoines d'Aix et recteurs du prieuré ; Gaspard Barlatier, Jean Auder et Michel Raynaud, consuls ; avec le concours du peuple, ont commencé à construire ce temple à leurs frais, à l'honneur du Dieu, très bon et très grand, ainsi que de la B. V. Marie, (l'ancien ayant été ruiné de fond en comble par les guerres). Sous le vicariat de Jean Riass, en 1607. »

En suivant la ligne de droite, on arrive devant l'autel de sainte Anne (1669), qui est entièrement doré, orné de quatre colonnes cannelées ; les statues de sainte Catherine, martyre et de sainte Cécile sont placées dans l'entre-colonnement ; celle de sainte Anne se détache en relief sur le rétable en bois dans une niche simulée, entourée de guirlandes. L'entablement, délicatement ouvragé, porte sur les colonnes et le rétable, au-dessus duquel règne une galerie que termine un couronnement, où l'on voit la statue de saint Joachim.

L'autel de saint Roch a été descendu de l'ancienne église de Saint-Martin ; il date du 16ᵐᵉ siècle ; il est surmonté par deux colonnes torses en bois doré sur lesquelles pendent des feuilles de vigne et des raisins ; ces colonnes encadrent une peinture sur bois en trois petits panneaux reproduisant les patrons de l'autel : saint Roch, saint Georges et saint Clair, et au-dessous une autre peinture qui montre saint Clair faisant des exorcismes.

L'autel de saint Joseph est un des plus beaux de notre église, il est complètement doré ; aux colonnes torses s'enroulent des feuilles de vigne et des raisins que becquettent des oiseaux : ruban de fruits variés dans l'entre-colonnement ; le tabernacle porte le nom de Jéhovah, inscrit dans un triangle rayonnant, ce qui fait présumer que la construction de cet autel date du 17ᵐᵉ siècle. Une toile très ordinaire, représentant la mort de saint Joseph, surmonte les gradins. Architrave, ornée d'entrelacs : au-dessus, deux anges assis et deux debout de chaque côté de la niche supérieure.

Autel de saint Blaise (1669) en bois doré ou imitation marbre : produit de l'effet dans son ensemble ; il est inachevé, puisqu'il manque de tabernacle. Quatre colonnes corinthiennes égales et à piédestaux distincts dont les socles s'appuient à niveau du tombeau. Dans l'entrecolonnement, à droite, la statue de saint Jude, à gauche, celle de saint Sébastien. La corniche des colonnes, qui se continue sur toute la largeur de l'autel, abrite, au milieu, la statue de saint Blaise, de grandeur naturelle, mais dont la tête et les mains sont disproportionnées; au dessus de la corniche, comme couronnement, est une sorte de bas-relief représentant le Père Eternel ; deux anges soutiennent une tiare sur le bas-relief, à côté duquel sont encore deux ornements dorés.

L'autel de saint Nicolas est placé à l'extrémité du chœur et dans le même sens que le maître-autel. Il ne reste de l'autel primitif de saint Nicolas (1535) que les deux colonnes torses, d'ordre corinthien, dont les corniches supportent un tableau où se dessine encore le Père Eternel. Il reste également une peinture sur bois, divisée en trois panneaux sur lesquels on voit, au milieu, le Christ ayant à sa droite saint Nicolas, et à sa gauche sainte Barbe. Les gradins et le tombeau primitifs ont été remplacés par d'autres qui n'ont aucune valeur.

L'autel majeur (1635) occupe le fond du sanctuaire ; les gradins et le tombeau sont dorés, le reste est imitation marbre avec ornements et personnages dorés ; le style est absolument le même que celui de l'autel de saint Blaise, avec la différence qu'au point de vue du fini du travail et des proportions de l'ensemble, l'autel majeur est supérieur à l'autre. Six colonnes au fût cannelé et aux chapiteaux corinthiens, les deux extrêmes se confondent avec le mur, les autres sont réunies deux à deux, leurs piédestaux s'appuient sur le pavé ; les corniches s'élèvent en fronton, elles encadrent une toile dont le sujet est l'Assomption de la Sainte-Vierge ; au-dessus est un médaillon portant l'inscription : *Assumpta est Maria*, soutenu par deux anges appuyés sur le fronton ; deux autres anges debout et à côté, médaillons qu'achèvent des têtes séraphiques ; au-dessous, on voit en demi relief les statues de saint Denis et de saint Marcellin, et plus bas, s'ouvrent les portes de la sacristie.

Autel de saint Denys. C'est un autel vert et or, datant du

15ᵐᵉ siècle et de même style que celui de saint Nicolas auquel il sert de pendant. Les colonnes aux chapiteaux corinthiens et corniches de même ordre sont surmontées par une sorte de couronnement dans lequel apparaît saint Denys portant sa tête ; un magnifique bas-relief polychrômé sert de rétable à l'autel et en fait la principale valeur ; ce bas-relief, taillé dans une seule pièce de bois, représente, au milieu saint Denys, et à ses côtés le prêtre Rustique et le diacre Eleuthère, ces deux derniers tenant en leur main la palme du martyre ; leur tête est entourée du nimbe circulaire. Les gradins et le tabernacle seuls ont été renouvelés.

La chaire à prêcher est adossée au pilier qui se trouve à droite de la petite porte ; cette chaire fut acquise, en 1697, par Jean-Augustin de Ribbe, qui, après avoir consulté les prébendés, l'acheta des Dominicains ; elle est en noyer ; sur ses panneaux sont sculptés les principaux saints de l'ordre des Frères Prêcheurs : saint Dominique, saint Vincent Ferrier, etc., son abat-voix, très ouvragé, est terminé par une croix.

Autel de la Vierge. Cet autel fut doré en 1662, d'après la demande des prieurs ou confrères ; les gradins sont de date récente. Quatre colonnes corinthiennes, un ange debout sur les deux colonnes antérieures ; la corniche supporte une niche dans laquelle est une statue de saint Dominique ; au dessus des gradins, peinture où la Vierge-Mère, entourée d'anges, distribue le Rosaire à des personnages s'avançant processionnellement ; parmi eux, on distingue saint Dominique, sainte Catherine de Sienne, le roi Louis XIII et Anne d'Autriche.

Autel de saint Eloi. Placé vis-à-vis de celui de saint Roch ; style semblable, mais mieux conservé. L'autel est surmonté d'une toile représentant saint Jean-Baptiste, saint Eloi et saint Antoine.

L'autel des âmes du Purgatoire est le plus simple de tous ; les colonnes encadrent une peinture sur laquelle on voit Jésus-Christ descendant dans le Purgatoire.

Nous ne pouvons clore cette revue de notre église sans saluer la famille harmonieuse, dont la sonnerie nous rend fiers à juste titre. La grosse cloche porte le nom de Notre-

Dame-de-Belvezet, elle est sobre en ornement, mais autour des faussures, précédée d'une croix très apparente, on lit cette inscription: *Ecce signum crucis, fugite partes adversæ* (1). Elle eut pour parrain M. Paul-Albert Barlatier de Saint-Suffren, 1er consul, et pour marraine, demoiselle Julie-Françoise de Rognes ; figurent encore les noms de Aman Pellegrin, 2me consul, de Pierre Anezin, 3me consul et de Galopin, fondeur de la ville d'Aix, qui, en 1754, se rendit à Rognes et refondit cette cloche. Elle fut épargnée pendant la Révolution, sous le prétexte réel de nos pères qui objectèrent que seule *Mario sauvo terro* (c'était le nom vulgaire de la grosse cloche) pouvait se faire entendre des campagnes disséminées dans le terroir.

La seconde s'appelle Denise, elle a été refondue en 1727, par Huard, ouvrier dauphinois ; elle a aussi survécu à la Révolution, grâce à son attribution de sonner les heures ; Denise, quoique plus petite que Notre-Dame-de-Belvézet est beaucoup plus ornementée ; sur les faussures, elle porte cette légende expressive : *Dion, Rust, Eleu, super muros tuos Rogn, constitui custodes* (2) et le nom de son parrain, messire Jean-Baptiste-Isidore de Raphelis d'Agoult, seigneur de Rognes et de Valfère, accompagné d'une belle fleur de lys ; suivent les noms des consuls : sieurs Joseph Cadet, Pierre Simon et Charles Descaly. En dessous, est encore une série de croix et plus bas, une ceinture formée par un ramage servant presque de couronne à des images de saints.

La dernière cloche n'est point aussi ancienne, elle a été faite à Aix, par les frères Sabatier, en l'année 1828 ; sur les faussures on lit cette inscription : Denise-Adelaïde est mon nom, j'ai été bénite par Jean-Etienne-Barthelemy Michel, curé de la paroisse ; mon parrain est Joseph-Denis Gaudin, maire de Rognes, ma marraine, Adelaïde Barlatier. En dessous, règne tout autour une dentelle en relief nouée par

---

(1) « Voilà la croix du Seigneur, fuyez bandes ennemies. »
(2) « Rognes, j'ai établi gardiens sur tes murs les saints Denys, Rustique et Eleuthère. » En effet, le clocher est élevé sur le mur des remparts.

des glands. Jusqu'en 1789, les quatre fenêtres du clocher furent occupées, mais, les deux cloches que nous n'avons pas encore nommées, Marceline et la Merlussière (1) furent converties en monnaie à la Révolution ; une seule a été remplacée par Adélaïde et la fenêtre du midi est toujours veuve de sa mélodieuse habitante.

II

Chacun des autels ci-dessus nommé avait ses prieurs ou confrères qui administraient les revenus de l'autel, s'il y en avait, et disposaient des fonds provenant des quêtes ; ces prieurs étaient élus tous les ans par-devant le recteur, c'est encore à lui qu'ils rendaient compte de leur gestion.

Les confrères de Notre-Dame de Belvézet étaient les consuls sortant de charge ; il y avait, en outre, la confrérie du Luminaire de Notre-Dame de Belvézet, pour veiller à l'entretien de la lampe, qui devait brûler devant le Saint-Sacrement. La confrérie du Cierge pascal était instituée pour distribuer des aumônes aux nécessiteux aux fêtes de Pâques.

Lorsque la nouvelle église paroissiale fut achevée, quelques habitants, rivalisant de zèle, proposèrent d'établir une confrérie de Pénitents blancs ; ce vœu ayant été adopté à l'unanimité, on en fit part au Prieur des Pénitents blancs de l'Observance, à Aix ; celui-ci se rendit à Rognes, prêcha aux nouveaux confrères et installa un premier recteur. Les consuls assignèrent, pour lieu de réunion, à la confrérie, la chapelle de Saint-Denis qui, en 1567, avait été acquise de Jean Fabre au prix de 25 florins, et convertie en chapelle. La Communauté trop pauvre, dans la suite, pour fournir

(1) La *Merlussière* était ainsi appelée par sobriquet ; elle sonnait les vêpres qui se chantaient alors *journellement en carême* à 11 heures, et coïncidait avec l'heure du second déjeuner des hommes de la campagne ; ce repas étant toujours maigre en carême et composé le plus souvent de morue, les braves travailleurs avaient surnommé la *Merlussière*, la cloche qu'ils entendaient sonner à 11 heures.

un local spécial, les confrères prirent définitivement possession de cette chapelle; et en 1696 ils firent refaire la facade où l'on voit deux pénitents dans l'attitude de la prière.

Nos pères faisaient des choses peu ordinaires pour manifester leur foi : ainsi, en 1669, ils députèrent leurs consuls à M. de Forbin, surnommé le Président de la Roque, pour lui faire la demande des reliques de Saint-Marcellin que M. de Forbin avait rapportées de Rome. Celui-ci, les ayant reçus favorablement, le peuple se porta à la Roque, et après avoir vu enchâsser les reliques de Saint-Marcel'in dans le buste destiné à orner le Maître-Autel, ils retournèrent processionnellement à Rognes, ayant à leur tête les prêtres, les pénitents, et chantant l'hymne des confesseurs.

Et lorsque, le 1er mai 1676, ils voulurent gagner le jubilé, ils partirent tous, s'organisèrent en procession, ne laissant que sept hommes pour veiller à la garde du village; ils allèrent faire les stations dans les églises désignées de la ville d'Aix, et retournèrent chez eux le second jour. Nous relatons ces détails pour donner une idée de ce qu'étaient les ruraux d'autrefois: des âmes simples et vaillantes. Peut-être ces braves gens eussent-ils pu gagner le jubilé dans leur paroisse; l'aventureux leur plaisait davantage, et ils allaient en pèlerins, remplissant gaîment et avec usure leurs devoirs religieux. (1)

De temps immémorial il a existé à Rognes une maison destinée à loger les pauvres et où on les nourrissait: la première dont on ait connaissance était située près de la fontaine et hors des remparts alors, mais étant devenue

---

(1) Ils avaient dans leur église de quoi satisfaire leur piété : une grand messe chaque jour, en outre, le jeudi, messe du Saint-Sacrement, le vendredi, messe de Passion, tous les soirs chant du *Salve Regina*, etc.

Ils avaient leur prédicateur du carême, dont la rétribution consistait en 30 *escus* que Messieurs les chanoines payaient avec le curé. — Archives de la Paroisse.

Mentionnons aussi la messe de l'aube pour faciliter la dévotion des paysans, elle avait été fondée par M. Philibert Duc, oncle de Jean Augustin de Ribbe ; cette fondation rapportait 50 écus.

insuffisante, le seigneur J.-B. de Raphelis donna en 1695 l'emplacement pour construire l'hospice actuel : il le donna exempt du droit d'indemnité, de lods et de toute sorte de servitude « à condition, toutefois, que la dite confrérie ne changera pas à l'advenir la destination qu'elle a faitte et que la dite maison servira d'hôpital pour les pauvres malades de ce lieu : et en cas que la dite confrérie ne voulut pas dans la suite y recevoir les pauvres et les secourir suivant son pouvoir et qu'elle cesse d'exercer l'hospitalité, ledit seigneur veut et entend que ladite maison soit soumise au paiement du demi lods de 10 ans en 10 ans. »

Les matériaux de l'ancienne forteresse furent presque tous employés et on éleva une solide et vaste construction dont jouissent peu de villages. Toutes les œuvres pies furent réunies ainsi que les confréries du Saint-Esprit, de Notre-Dame de Miséricorde et de l'hôpital Saint-Antoine : à la tête des recteurs du nouvel hospice était le chevalier de Rognes, frère du seigneur ; au frontispice du premier livre des délibérations on lit dans une large et belle écriture précédé d'une croix : *Sit Nomen Domini Benedictum In secula* ; et les statuts de la Confrérie de Notre-Dame de la Miséricorde s'ouvraient ainsi :

« Au nom de Dieu et la glorieuse Vierge Marie. L'an 1619 et le 24° jour du mois de décembre, la Confrèrie de Notre-Dame de Miséricorde en ce lieu de Rougnes, par la permission de M⁰ʳ le Révérendissime Archevesque d'Aix, soubz la conduite de Mʳᵉ Jean Rias, vicaire dudit lieu, Mʳᵉ Jean Simon Fibrès, Honoré de Raphelis, sieur de Canaux, Mʳᵉ Elzéar Barlatier, advocat en la Cour, etc., avec intention que toutes les aumosnes qu'on trouvera dedans ou dehors ladite église, en secouriront les pauvres malades honteux et nécessiteux, afin que cette saincte entreprise porte à effect et puisse continuer à l'advenir, les susdits confrères ont faict dresser les articles pour entre eulx religieusement gardez :

Nous en citons les principaux :

1° Tous les confrères seront tenus de s'enquérir des pauvres mallades et autres nesséciteux du dit lieu et le rapporteront aux prieurs qui seront en charge, affin qu'il lui soit prouvée.

Item. Que personne ne pourra estre receu à ladite confrairie qu'il ne soit homme de bien.

Item. Si quelqu'un, par son testament ou autrement, laisse quelque chose à ladicte confrairie, lesdits confrères seront tenus l'accompagner avec flambeaux alumez.

Item. Que tous les confrères ne seront receus sans prester le serment entre les mains des Prieurs d'observer tous les articles ci-dessus, signez, etc. »

A la fondation de Fouquet d'Agoult, dont nous avons déjà parlé, se joignait celle de M° de Concernade, consistant en 20 liv. pour être distribuées annuellement à vingt pauvres travailleurs se portant bien, au choix du seigneur de Rognes, son héritier.

L'abbé Duchaine légua 600 liv., tant pour les besoins de la paroisse que pour les pauvres du lieu.

Voici une fondation d'un autre genre : la dotation d'une fille pauvre à marier, établie en 1670 par M. de Michelis, prêtre de l'Oratoire, qui remit aux consuls la somme de 450 liv. « à pension perpétuelle à raison de 5 0/0 pour les intérêts de cette somme être donnés à une pauvre fille de la Communauté au choix que lui ou les siens feront dans la suite, et dans le cas où sa famille viendrait à s'éteindre, les consuls et le curé de Rognes nommeront la personne qu'ils trouveront à propos. »

On avait d'ailleurs toutes sortes de moyens pour soulager les misères physiques ; ainsi, en 1683, une personne de qualité fit offrir, par l'entremise de Gaspard Simon, la somme de 1000 liv. « pour le soulagement des pauvres de la Miséricorde du pays, à condition que cette somme sera placée sur la commune qui en fera les intérêts au 5 0/0 aux recteurs de l'œuvre. »

Vers la fin du XVII° siècle, Rognes avait son association de dames de charité, c'étaient probablement les femmes et les filles des bourgeois qui visitaient les pauvres à domicile et faisaient des quêtes pour subvenir à leurs besoins.

La Communauté avançait toutes les années aux indigents 50 ou 100 charges de seigle et quelquefois du blé, suivant l'insuffisance de la récolte ; lorsqu'il y avait pénurie de grains, elle en faisait le don complet. C'était censé le *Mont de la Commune* ; (1) les consuls devaient parer à son approvisionnement. Ils donnaient aussi 100 liv. à un médecin pour visiter gratis les pauvres du village et ceux de l'hôpital ; ses autres visites pouvaient lui être payées jusqu'à 3 sols : deux médecins, un chirurgien, un apothicaire se partageaient souvent le soin des malades.

---

(1) « On appelait Mont de la Commune un approvisionnement de grains destinés à être distribués à ceux qui en avaient besoin pour ensemencer leurs terres ou pour leur subsistance, à la condition qu'ils le rendraient à la récolte. » A Rognes, on s'adressait souvent au fermier de la Dîme pour fournir le blé et le seigle dont la récolte avait été insuffisante.

CHAPITRE VIII.

Le loup et le verrou. — Nouveau mode d'élection.
Les Edits bursaux.

I

La seigneurie de Rognes venait de tomber en quenouille, les derniers d'Agoult, morts durant les guerres civiles, ne laissaient qu'une fille, Julie, qui épousa en 1597 Henri de Raphelis, seigneur de Saint-Martin de Palières (Var), fils de Marguerite d'Arcutia et de Jean de Raphelis, premier consul d'Aix, procureur du pays aux années 1579 et 1595. La jeune châtelaine était, suivant la chronique, quelque peu hautaine et ambitieuse; elle conserva, même après son mariage, les rênes de son petit gouvernement et elle eut la fantaisie d'élever des prétentions tout-à-fait insolites; elle les réduisit à cinq chefs et adressa une requête au lieutenant du sénéchal d'Aix; le premier article blessa le plus vivement les habitants : il y était dit que « ils ne pouvaient mettre sur les portes des églises, sur celles du village, sur les tombeaux et les bannières d'autres armoiries que celles du seigneur et qu'il devait être défendu aux particuliers de graver leurs armes sur les portes de leurs maisons, ni autre lieu que ce fût et encore moins de mettre des créneaux. »

De leur côté, les consuls présentèrent une requête contradictoire où ils réfutaient tous les articles exposés et le troisième ci-dessus nommé, de la manière suivante :

« La Communauté soutient qu'elle et tous les particuliers ont toujours eu le droit d'apposer leurs armoiries et des créneaux sur leurs maisons du village et de la campagne, que les armes et les créneaux y existaient depuis plus de cent ans; que l'on pouvait s'en convaincre en voyant la maison de Jean Simon, la porte du jardin d'Elzéar Barlatier, Fontmarin, la bastide de Saint-Paul, celle de Barbebelle, etc.; que la Communauté et les particuliers sont en une possession immémoriale d'apposer leurs armoiries où ils le trouveront bon, sur les pierres tombales, dans le cimetière Saint-Etienne, dans l'église vieille, etc. »

La requête de la dame de Rognes fut rejetée, celle de la Communauté, admise comme fondée sur le droit et sur les usages ; Julie d'Agoult fut battue sur toute la ligne et déboutée de ses prétentions par sentence du lieutenant de la sénéchaussée ; on conçoit son dépit et la joie des habitants, lorsqu'ils apprirent l'heureuse issue du procès. Cependant, la commune n'avait pas de blason particulier, c'était le moment où jamais d'en adopter un : les syndics voulant faire une malice à M⁕ Julie d'Agoult, firent peindre un verrou sur champ d'azur et déclarèrent que cet écusson significatif, serait dorénavant celui de la Communauté avec la légende : *Ferme bien qui pouvant tout fermer ne ferme rien.* Puis tenant à ne point déroger au vieil esprit gaulois, un plaisant ajouta :

> Sous ce simple verrou
> La brebis enfermée
> Ne craindra pas du loup (1)
> La dent envenimée.

Pour rappeler le souvenir de cette petite querelle (1625) ils écrivirent ces vers en tête d'un livre de délibération où l'on a peint un loup et par dessous un verrou.

Nos magistrats, si dévoués au bien public, déjouèrent de même une trame ourdie par les forains, qui, ayant à leur tête Ch. Honoré de Raphelis (fils de Henri), conçurent l'audacieux projet de se séparer de la communauté. Ils désiraient être exempts de toute charge *négotiale* et se sous-

---

(1) Le loup figurait sur les armoiries des d'Agoult ; quelques historiens veulent qu'il tire son origine du nom de *Wolph*, mot qui en langue saxonne signifie louveteau ; il aurait été choisi par cette famille en souvenir reconnaissant de la louve qui, d'après la légende, aurait nourri le premier fils du prince saxon, tige des comtes de Sault ; d'autres historiens disent que le loup n'était que l'emblème du pays de Sault lequel était anciennement une immense forêt.

traire aux dépenses locales ainsi qu'aux logements des gens de guerre ; ils présentèrent à cette fin une requête à la Cour des Comptes d'Aix. Instruits de ces menées, les consuls, en gens bien avisés, s'adressèrent plus haut : dans une requête au conseil du roi, ils exprimaient combien les prétentions des forains étaient injustes et ruineuses pour la communauté ; les forains possédant le meilleur du terroir, ils devaient participer aux frais et aux dépenses publiques ; la requête des consuls terminait en suppliant le conseil du souverain de ne pas permettre que la Cour des Comptes d'Aix s'occupât de cette affaire, parce que des liens de parenté existaient entre les membres de cette Cour et les forains.

Des lettres patentes scellées du grand sceau de sa Majesté arrivèrent bientôt à Rognes. Ces lettres cassaient la requête des forains et défendaient à la Cour des Comptes de la province de s'occuper de cette affaire ; elles en investissaient le sieur Mayfredi, conseiller du roi et référendaire en ses chancelleries. Avant que celui-ci eut prononcé un arrêt quelconque, les forains, reconnaissant leurs torts, se rapprochèrent de leur partie adverse et passèrent par devant le notaire Gras, une transaction, où il fut dit en propres termes « que les forains resteraient unis à la communauté et incorporés avec elle, qu'ils seraient soumis à toutes ses décisions dans les conseils publics ; que leur syndic pourra faire les réclamations qu'il jugera à propos, mais qu'il ne devra jamais former des prétentions injustes et tendant au détriment de la communauté. » 1655.

Cette transaction rétablit une harmonie qui fut relativement durable, puisque quelques années après la commune prêta 600 liv. au seigneur ; il lui devait également des arrérages de taille pour sa terre de Saint-Paul, bien roturier ; ces arrérages s'élevèrent jusqu'à 11,000 liv. ; lorsque Ch. Honoré de Raphelis s'acquitta de cette dette, sa femme, digne belle-fille de Julie d'Agoult, en fut si vivement blessée, qu'elle se démit de sa terre de Rognes en faveur de son fils encore mineur. Il est à remarquer dans le cours de cette histoire que les tracasseries les plus violentes et les plus tenaces furent soulevées par des femmes, ce n'est *pas aimable* à nous de l'avouer, mais on peut reconnaître par là que la chose avait moins d'importance. Malgré les procédés hautains de ces dames, le distique avait raison : la brebis, derrière ses droits, ses titres, ses priviléges, qui l'enfermaient comme à triple tour, était réellement à l'abri de la dent du loup.

II

Le règlement de la communauté dont il a été question au chapitre III, avait été suivi jusqu'en 1669 ; à cette époque, il en fut fait un autre approuvé par le Parlement, portant en substance que les forains, les débiteurs de la communauté, ceux qui sont en procès avec elle, ne pouvaient remplir aucune charge municipale. On adopta ce règlement (1) aux élections de l'année suivante ; le 20 avril, jour de Saint-Marcellin, après la procession rurale, tous les particuliers se réunirent à l'hôtel de ville, où le greffier Denis Mignard dressa une liste des citoyens les divisant en trois classes : bourgeois, ménagers, artisans. « Chaque nom fut inscrit sur un billet et iceux mis dans un sachet : on appela un petit enfant n'excédant pas sept ans, dont le bras était nud, » il retira du sachet sept billets au hasard, c'étaient les électeurs auxquels on joignit deux surnuméraires ; cette opération se renouvela pour les trois classes ; les électeurs étant élus, tous les autres individus sortirent de la maison commune dont les portes furent fermées. Il fut alors procédé à l'élection des nouveaux consuls ; les neuf billets des électeurs encore mêlés dans un sachet où plongea la main de l'enfant qui en retira par trois fois un de chaque classe, laquelle avait ainsi son représentant. Le nom du candidat sorti, il était montré aux électeurs ; deux boîtes, une blanche était destinée à recevoir les boules d'approbation et une noire, celles d'improbation. On écartait ainsi tout soupçon de fraude ; c'était le sort qui faisait

(1) Il avait été employé pour la première fois à Marseille en 1652, sous le nom de Règlement du sort, on en trouve d'amples détails dans l'*histoire de Prov.* d'Augustin Fabre, t. 4, p. 155 et suiv.

les électeurs, le sort encore qui faisait les consuls ; il ne pouvait exister de cette façon ni brigue, ni aucune de ces dissensions profondes qu'entraînent toujours les campagnes électorales. — On nommait ce jour là le capitaine de ville dont le service était gratuit, et les abbés de la jeunesse.

Il était d'usage que les assemblées fussent présidées par le viguier du seigneur, celui-ci, « boudait parfois les consuls » et pour témoigner son ressentiment il n'envoyait pas son représentant aux conseils, espérant peut être, les faire casser ; on avait obtenu en cette occurence, de se réunir légalement devant le plus ancien praticien du lieu et plus tard un arrêt de la Chambre des Vacations vint sanctionner les franchises des habitants et en sauvegarder les intérêts. Cet arrêt du 5 août 1680 est de la teneur suivante :

« Dit a été que la Chambre a permis et permet aux dits consuls d'assembler le conseil de la communauté lorsqu'il s'agira de délibérer pour les affaires d'icelle contre le seigneur par devant le premier notaire requis non suspect du lieu plus prochain ; fait défense au juge baïle ou viguier d'assister aux dits conseils comme aussi de s'ingérer, de dire, ni donner leurs sentiments en ceux où ils assisteront pour autres affaires, ni prévenir les opinions des délibérants, dicter, ni dresser les délibérations tant aux élections des consuls qu'aux autres rencontres, sous peine d'interdiction et de 500 liv. d'amende, etc. « Cet arrêt fut imprimé et les copies distribuées en grand nombre.

La dame de Rognes, par ses intrigues, fit néanmoins casser le nouvel état, trouvant qu'il élevait des gens préférant les intérêts publics à ceux de la seigneurie. Il se passa après cette boutade, une séance des plus orageuses où l'on vit entrer furieux le commandeur de Raphelis (frère du seigneur) dans la salle des assemblées et venir injurier les électeurs. On verbalisa, en prenant note des paroles et de l'attitude du commandeur. Cet incident n'eut, heureusement pas de suite ; la Chambre des Vacations, instruite de ce qui s'était passé à Rognes, chargea un de ses conseillers d'aller présider le nouvel état, en qualité de commissaire. Tout se passa dans un grand calme et, à la tête des affaires, il fut nommé des hommes capables et dévoués.

III

Les édits royaux suspendirent bientôt tout autre mode d'élection en créant des offices de maire, ruinant par là les communautés obligées d'acheter ces offices nouveaux établis pour entretenir la Caisse de l'Etat. La brillante cour de Louis XIV, cette magnifique représentation nationale, ces victoires qui portaient au loin la renommée du souverain et lui faisaient décerner le nom de Grand, ce cortége d'orateurs, de poètes, d'écrivains sont assurément les traits glorieux et le côté splendide du XVIIe siècle, mais les belles pages de son histoire ont leurs feuillets lugubres, ignorés volontairement par la plupart des historiens et dont les misères ont été souffertes par le peuple des campagnes qui apportait à la nation avec une inviolable fidélité et une obéissance passive son tribut d'or et de sang. Sans sortir de notre monographie, on peut s'en assurer en parcourant cette nomenclature d'offices financés : le premier, fut celui de trésorier acheté après l'apparition d'une ordonnance de M. Lebret, intendant ; il coûta à la communauté la somme de 4,950 liv., celui de commissaire, 440. Puis parut au mois d'août 1692 un édit de Sa Majesté défendant aux villes et communautés de procéder à aucune élection d'échevins, consuls et capitouls et leur enjoignant d'acquérir l'office de maire. La communauté, afin de ne point voir ces charges possédées par des étrangers, afin d'être plus libre dans sa gestion et de conserver ses prérogatives d'élire elle-même ses consuls, racheta l'office de maire au prix de 1,900 liv. ; un an après, il fallut acquérir celui de contrôleur, moyennant cent livres. Cela n'emplissait pas encore « la bourse du roi de France, profonde comme la mer et comme la mer toujours béante, » disait la ronde du papier timbré inspirée à la Bretagne dans un moment où la mordante satire remplaçait la révolte. Ce nouveau régime fiscal souleva en Guienne et en Bretagne une vraie insurrection suivie d'une répression sanglante (1). Les lettres de Mme de Sévigné ont

---

(1) Le comte de Carné. — Les États de Bretagne.

fait passer à la postérité le souvenir de « ces penderies et de ces pauvres Bretons, s'attroupant quarante, cinquante par les champs, se jetant à genoux, disant *mea culpa*, qu'on les dépêche et de Caron, pas un mot (1). » Une ligue de Torrében (casse-tête) fut organisée pour piller les châteaux des nobles, complètement étrangers, du reste, à ces innovations. La Provence ne vit point se produire de telles scènes ; elle apportait docilement son contingent, s'empressait d'accéder aux demandes de la cour et de célébrer par des fêtes et des feux de « joye » les victoires des armées françaises et la naissance des héritiers du trône ; cette province avait, grâce à ses ports, à son heureuse nature, à sa constitution de petits propriétaires fonciers, de *possédants biens*, un immense avantage ; en Provence, les fiefs étaient peu nombreux, tandis qu'en Bretagne, ils étaient la forme caractéristique et le type distinctif de l'aristocratie en même temps que la répartition du sol. On conçoit comment ces impôts inattendus tombant sur un peuple aussi privé de ressources que l'était le peuple breton, le portèrent, malgré son attachement traditionnel envers la royauté, à de si terribles représailles.

Revenons à notre commune dont les habitants furent très surpris de voir arriver parmi eux un commis du fermier général *de la formule du papier timbré*, suivi d'un huissier exigeant d'exhiber tous les comptes et pièces justificatives des années 1691, 1692 et 1693 pour vérifier s'il a été passé quelques rôles, parcelles, quittances, missives et autres pièces écrites sur papier libre par lequel tout contrevenant encourait une amende de 600 liv. la première fois et de 1000 la seconde. Quelques uns de ces offices étaient dérisoires, ainsi celui de capitaine de la bourgeoisie. La communauté avait un capitaine de ville dont le titre était purement honorifique ; pour le conserver, elle dut verser la somme de 600 liv. et en verser autant pour obtenir le courtage des vins ; elle acheta, en outre, la charge d'huissier audiencier ; l'enregistrement de ses armoiries, y comprises celles de quelques bourgeois, lui coûta

(1) Lettre du 24 nov. 1675.

475 liv. ; pour avoir la faculté de vendre de la glace, il fallut débourser 520 liv. et si nous voulions émumérer ces interminables créations, nous citerions le garde-scel, le juré priseur, etc. Le don gratuit couronna ces offices onéreux, la province offrit un million en forme de capitation (dont 1,948 liv. pour la communauté de Rognes). Cet engrenage administratif, ces fonctionnaires salariés, agents subalternes dont le maintien avait peut-être son bon côté, n'enrichissaient pas le trésor public. « La France eut des
« magistrats semestriels et trimestriels, des lieutenants
« maires acquérant la noblesse en versant le prix de leurs
« charges ; elle eut des taxateurs et calculateurs aux
« dépens, des contrôleurs pour les actes notariés, des
« jurés crieurs d'enterrements et de mariages, des greffiers
« de l'écritoire, des conseillers rouleurs de vin, des con-
« trôleurs visiteurs de beurre frais, des essayeurs de beurre
« salé, étranges fonctionnaires qui, malgré l'évidente
« inutilité de leurs fonctions, s'interposaient dans toutes
« les transaction de la vie privée, exigeant, sous peine de
« poursuite, le prix attaché par l'édit d'érection à l'exer-
« cice de leurs charges ridicules (1). »

Ce peu de lignes résume l'état exact (2) où réduisaient le peuple les prodigalités de la cour et la faction permanente de nos armées à la frontière ; on peut y ajouter des demandes sans fin d'hommes et de mulets pour le service militaire. Quelquefois les communautés comme celle de Rognes, étaient obligées de fournir seize hommes tous équipés et armés ; plus tard, on en recrutait six non seulement armés et équipés, mais exigeant en sus une somme d'argent pour défrayer leurs dépenses jusqu'au lieu de leur destination. Une compagnie de milice fut levée à Rognes, par ordre du comte de Grignan, et confiée au sieur Chapus de Lambesc pour grossir le nombre des défenseurs de Toulon, assiégé par le duc de Savoie et le prince Eugène. 1707.

(1) Les Etats de Bretagne par le comte de Carné, t. 1, p. 406.
(2) Ces exigences heureusement ne furent pas de longue durée ; les offices furent supprimés et leur finance remboursée aux communautés en 1728.

CHAPITRE IX.

*Le Père Pagi. — Dévoûment des demoiselles de Ribbe.
Rognes préservée de la peste.*

I

La famille Pagi était originaire de Gênes; un de ses membres s'établit à Rognes, vers la fin du XV° siècle et devint bientôt un important propriétaire. Son fils Louis fonda la chapellenie de Saint-Denis, 1515. Cette famille possédait, d'après le cadastre de 1554, une grande partie du domaine de Kaïré, elle était classée dans la bourgeoisie et son habitation du village était sise à la rue Neuve. C'est là que naquit Antoine Pagi, au mois de mars 1624; les détails manquent sur sa vie; nous empruntons ces quelques lignes à la courte biographie que lui consacre Papon, dans les *Hommes illustres de Provence*. Antoine Pagi entra dans l'ordre des religieux Minimes, où ses vertus et ses talents, le portèrent tout jeune encore aux premières dignités : il fut quatre fois Provincial et connaissait à fond l'histoire profane et ecclésiastique; celle-ci surtout captiva son esprit, il employa ses moindres instants à cette étude et réforma les Annales de Baronius. Quoique le système du Père Pagi ne soit pas sans défaut, remarque l'historien déjà cité, on ne peut s'empêcher de louer son érudition et sa sagacité. Il publia une dissertation sur une Période Grecque romaine qui, paraît-il, n'eut pas un grand succès chez les savants; sa chronologie depuis le commencement du monde jusqu'à la naissance de Jésus-Christ fut accueillie plus favorablement. Il mourut à Aix en 1699. Ses ouvrages furent publiés par les soins du Père François Pagi son neveu.

II

Parmi les notables de Rognes, et après la famille seigneuriale, se place au premier rang celle de Jean Augustin de Ribbe, qui n'a cessé de donner à cette localité les meilleurs exemples de foi chrétienne et d'antiques vertus avec les gages du plus haut dévoûment en portant dignement le périlleux honneur des charges publiques. Ce n'est pas cependant à ce dernier point de vue que nous voulons nous arrêter et faire ici son éloge ; des faits plus intimes nous touchent, des liens plus étroits nous rattachent aux grandes chrétiennes qui se dévouèrent pendant la peste de 1720 et qui surent mériter à elles seules, par les charmes de leur jeunesse et l'auréole de leur sacrifice, les sentiments de reconnaissance des habitants] de Rognes envers leur famille.

Si Thérèse Delphine et Marie Marguerite, les deux filles d'Augustin de Ribbe, puisèrent dans un foyer où le courage civique était héréditaire, ces notions si hautes de l'abnégation, c'est dans notre église qu'elles trouvèrent la force de rompre les liens qui les retenaient à la terre et que, libres de ces liens, elles formèrent le dessein de se consacrer à Dieu et d'aller soigner les pestiférés ; c'est dans notre église que prièrent ces âmes, et c'est là que l'une d'elles, après avoir prononcé ses vœux, fut témoin d'un prodige (1) dont s'alarma son humilité ; aussi, est-ce à cet autel qu'elle voulut donner, à l'occasion des étrennes du premier de l'an, les parures qu'elle avait portées dans le monde. Toutes ces choses sont pour nous comme une portion d'héritage local ;

---

(1) « Ayant prononcé mes vœux, je me sentis un moment après une grande joie secrète, et levant les yeux vers le ciel pour y remercier l'Auteur de toutes choses, je les fixai ensuite sur l'autel. Pendant trois fois, le calice me parut tout coulant de sang. Je crus la première et la seconde fois que c'était quelque objet rouge ; mais à la troisième, j'entendis une voix, elle me disait que c'était le sang de Jésus-Christ qui coulait de ses plaies sacrées pour me laver de mes iniquités. » Lettre de Marie Marguerite à l'abbé d'Alphéran, son confesseur, et écrite par elle d'après l'intimation de celui-ci.

deux épisodes émouvants sont inséparables dans les annales de Rognes ; le dévoûment des demoiselles de Ribbe et le village préservé de la contagion. L'histoire des héroïnes a été racontée ailleurs (1) et elle est aussi admirée que connue ; sans déflorer ce beau livre, nous voudrions lui en dérober quelques extraits et en offrir aux demoiselles de Ribbe un plus obscur mais non moins sincère hommage.

Thérèse Delphine et Marie Marguerite partirent de Rognes le 16 décembre, sans avoir communiqué leur projet à leurs parents, ne voulant pas fléchir dans leur résolution et se voir, au moment du départ, enlacées et retenues par des bras si chers ; elles arrivèrent à Aix lorsque l'épidémie sévissait avec une violence inouïe. La vue de leur héroïsme dans un âge, ordinairement si délicat, transporta d'enthousiasme ceux qui, comme elles, s'enfermèrent dans les infirmeries. Les deux jeunes filles y étaient depuis dix jours à peine, que Thérèse Delphine fut atteinte d'une attaque foudroyante de peste ; ce coup la trouva forte et intrépide, les souffrances de ses derniers instants ne lui ôtèrent ni sa joie, ni sa sérénité, elle consola sa sœur, adoucissant par ses exhortations cette cruelle séparation. La mort transforme des caractères déjà si grands, ils prennent, dès son approche, des proportions surnaturelles. Il faut lire l'admirable page tracée par Dom Sabathier, (2) directeur en chef de l'infirmerie du grand hôpital d'Aix, nous montrant Marie Marguerite « tenant d'une main le tombereau rempli de cadavres et soutenant de l'autre la tête de sa sœur qui pendait un peu en dehors, l'accompagnant jusqu'au cimetière, la faisant mettre dans la fosse avec les autres pauvres, sans aucune distinction et lui jetant quelques poignées de terre. » Et après cette dure épreuve pour son cœur, croirait-on qu'elle sut résister aux instances de ses parents, qui la suppliaient de faire une quarantaine et de

---

(1) *Deux chrétiennes pendant la peste de 1720*, par Ch. de Ribbe.
(2) Moine bénédictin du Languedoc qui avait demandé, lui aussi, comme une faveur, d'administrer les secours de son ministère aux pestiférés. Il publia une relation sur ce qui s'était passé à Aix de plus édifiant pendant la contagion et devint par là l'historien des demoiselles de Ribbe.

revenir s'asseoir à leur foyer attristé. Cet assaut de l'amour paternel ne fut pas le moindre triomphe de son courage ; elle obtint la permission de continuer ce rôle sublime de sœur de charité et bientôt son activité, son intelligence lui firent donner l'intendance des salles réservées aux femmes et les infirmières furent mises sous ses ordres. Avec une amabilité charmante, elle appelait cela *faire un bon métier.* « J'étais destinée à soigner les pestiférés, vous ne sauriez croire mon contentement, écrit-elle à son frère, il n'y a pas *de reine dans son royaume* qui soit *plus contente que je le suis parmi les pestiférés.* Ce fut au milieu de ces occupations renaissantes et de ces offices rebutants pour la nature, qu'une attaque de peste bénigne la frappa une première fois et ne lui laissa qu'un regret, celui de ne souffrir pas assez pour Jésus-Christ et de n'être point réunie à Lui. La sollicitude dont elle fut alors l'objet, disent assez combien elle était vénérée (1) dans ce lieu de désolation, où les deux sœurs se montrèrent comme deux apparitions du ciel. Chicoyneau (2) prodigua des soins parfaits à Marie Marguerite, Mgr l'archevêque faisait journellement prendre de ses nouvelles et M. le grand vicaire de Villeneuve lui envoyai^t les provisions que réclamait sa convalescence.

Dieu, cependant voulut couronner cette jeune vie : une seconde attaque du mal l'enleva le 11 mars 1721. Les témoins de sa vie et de sa mort, ravis de sa simplicité, de sa générosité et de son extraordinaire fermeté d'âme, ne la nommaient que leur sainte ; elle était, disent-ils, l'exemple de l'infirmerie, elle en faisait les délices. « Des sentiments aussi héroïques que

---

(1) « Je suis comblée, tant de la part des personnes qui commandent au dehors que de celles qui commandent au dedans. M. Canceris m'envoie des ordres disant que je n'ai qu'à parler, et on obéit avec soumission à tout ce que je veux. Je suis confuse des bonnes manières de ces Messieurs. » — Lettre de Marie Marguerite à sa mère.

(2) Professeur et chancelier de la Faculté de Montpellier ; sur sa demande, il avait été envoyé par le gouvernement, en mission en Provence, dès l'apparition de la peste ; pendant laquelle il se signala par son courage et sa science. Sa belle conduite lui valut une haute distinction : il fut nommé chevalier de l'ordre de Saint-Michel et anobli comme ses confrères et les échevins de Marseille. Il mourut en 1752, étant conseiller d'Etat et premier médecin du roi.

les siens ne peuvent être connus que de Dieu seul et admirés des anges et des hommes » écrit l'aumônier qui l'assista à l'heure suprême où elle recevait la récompense de son noble dévoûment.

Un troisième deuil visitait la maison de Jean-Augustin de Ribbe : il perdait quelques jours auparavant, une autre fille nommé Tulle ; il semblait que ces victimes de choix désarmaient la colère de Dieu et que, en échange, il jetait un regard de miséricorde sur ce village, pour lequel Thérèse Delphine et Marie Marguerite donnaient leur vie. Cette dernière surtout trouvait dans son cœur les expressions les plus variées pour peindre son attache ment à sa patrie. « Si le Seigneur me fait la grâce de m'écouter, vous serez tous des saints, non-seulement dans la maison, mais dans tout le village. » Elle répète encore en *post-scriptum* : « Je n'oublie personne de Rognes, tant pauvres que riches. »

Nous croyons que l'affection de ces saintes âmes se perpétue et devient féconde comme leur mémoire, que comme des anges de paix et de charité, elles veillent sur ce pays qui fut le leur et qu'elles enveloppent de leur protection, devenue puissante, le sexe qu'elles honorèrent. Et si leur exemple est trop difficile à suivre dans notre siècle, si nos caractères abaissés et nos esprits énervés ne peuvent arriver à cette hauteur, tâchons, du moins, de retrouver les sources vives de l'esprit chrétien, de l'amour de la famille et du sol natal dont elles étaient pénétrées.

III

Lorsque la peste éclata à Marseille, un arrêt de la Chambre des Vacations rendu le 31 juillet 1720, enjoignait aux populations rurales de prendre toutes les précautions pour prevenir l'extension du fléau. Les consuls de Rognes s'empressèrent de fermer les portes du village à l'exception de celle de la fontaine, où ils établirent un corps de garde, et d'organiser une espèce de ligne sur la Trévaresse pour couper toute communication avec les voisins atteints de la peste. Une compagnie de vingt-six hommes, ayant pour capitaine J.-B. Simon et pour lieutenant Gaspard Gras, fut postée aux avenues d'Aix, de Saint-Cannat et du Puy, localités contaminées. A l'intérieur du village, les mesures n'étaient pas moins sages : un bureau de santé fut créé, les consuls en étaient les premiers membres, venaient ensuite les bourgeois : Jean Augustin de Ribbe, Gaspard Fabry, Joseph Arquier, Hugues Simon, Michel Reynier, Esprit Mignard, etc. Sept commissaires étaient chargés de faire chaque jour la visite de leurs quartiers respectifs et d'en transmettre au bureau le rapport sanitaire ; ces commissaires étaient : Joseph Granon, François Simon, Elzéar de Ribbe, Jean-Joseph de Bruges, Jean Cadet et Honoré Barlatier.

Craignant, en outre, que quelque personne de Rognes fut frappée de la contagion, la communauté fit confectionner des surtouts en toile cirée pour les prêtres et les médecins, et non contente de ces précautions matérielles, elle appela sur elle les bénédictions du ciel afin que ces prières détournassent le fléau dont elle était menacée. Il faut dire, pour être vrai en ceci, qu'elle fut poussée dans cette manifestation de foi par l'initiative d'un saint prêtre, le premier étranger à la paroisse mais qui lui donna dans cette époque calamiteuse une grande preuve de dévoûment ; ses prières, comme le sacrifice des demoiselles de Ribbe, ne furent pas étrangères à l'immunité dont jouit cette commune en 1720 ; aussi garde-t-elle un bon souvenir des dix années pendant lesquelles Jean Melchior d'Alphéran (1) lui consacra l'ar-

---

(1) Il était issu d'une famille noble de la ville d'Aix où elle occupait un rang considérable ; pour satisfaire aux sollicitations de sa famille, il accepta la prieuré de Saint-Jean de Malte, auquel il fut promu le 3 juillet 1729. En quittant sa chère paroisse de Rognes, il lui laissa des marques de sa générosité et de son affection ; il fut un des bienfaiteurs de l'hôpital et on y voit encore son portrait ; il fit don à l'église d'une croix en filigrane d'argent, d'un travail artistique et contenant une parcelle de la vraie croix ainsi que d'une magnifique lampe en argent qui a disparu à la Révolution et du dais en velours cramoisi que l'on porte aux processions. M. d'Alphéran conserva pendant quatorze ans la dignité de prieur de Saint-Jean avec laquelle pourtant son humilité s'accordait si peu ; il alla en 1743 s'enfermer comme simple novice, sous le nom de Frère Joseph, à la Trappe de Sept-Fonds, près Moulins ; mais là encore, ses grandes qualités le mirent en évidence, malgré lui, et en 1750, il était mis à la tête de l'abbaye. Il mourut en odeur de sainteté le 11 avril 1757.

deur de son zèle et la fécondité de son apostolat. C'est un des beaux endroits de notre histoire locale que celui qui rappelle tous les habitants du lieu, le pasteur et le seigneur en tête, se mettant sous la protection particulière de Saint-Denis et construisant en quelques mois la chapelle simple et gracieuse qu'on voit à l'entrée du village, sur une petite esplanade dominant l'ancien chemin du Puy et la route départementale d'Aix à Cadenet. Le consul Barlatier de Saint-Suffren donna l'emplacement; tous les hommes, dirigés par les maçons, prêtèrent leur concours, toutes les bêtes de somme, tous les chariots furent réquisitionnés. on raconte même que les mères de famille accompagnaient leurs petits enfants et leur faisaient porter des pierres : chacun contribua ainsi dans la mesure de ses forces à l'érection de la chapelle votive. Elle fut bientôt achevée, ornée à l'intérieur d'un tableau représentant en pied Saint-Denys et ses compagnons. Ce même tableau surmonte un autel dont on ne sculpta que le tombeau ; les gradins provisoires et le tabernacle en bois ont été remplacés par des gradins en pierres s'harmonisant avec le reste de l'autel; cette réparation ou plutôt cet achèvement a été fait en 1880 par les soins de M. Daussant, curé actuel de la paroisse. On lui doit également la plaque de marbre qui est enchâssée au-dessus de la porte avec l'inscription : *A Saint-Denys, Rognes préservé de la peste 1720*, en remplacement de celle (1) où étaient gravés les noms du seigneur et des consuls sous l'administration desquels fut bâtie la chapelle, ainsi que le nom de M. d'Alphéran qui en fut le vrai fondateur. Une croix grecque se dresse sur l'esplanade, deux ormeaux ombragent la façade et donnent à cet édifice un caractère d'ancienneté et de rusticité qui n'est pas sans charme.

Dieu récompensa la foi et la piété de nos pères : la peste disparut de la Provence avant que le village en souffrît la moindre atteinte et son vénéré pasteur put, après

---

(1) Brisée en 1792 et remplacée plus tard par un bas-relief sur bois représentant Saint-Denys portant sa tête ; ce bas-relief a été détruit par l'intempérie des saisons.

une messe d'action de grâces, suspendre en *ex-voto*, sa cape en toile cirée dans la chapelle de Saint-Denys où elle est restée jusqu'au milieu de ce siècle (1). Afin que la reconnaissance motivée par ce fait devint impérissable et sollicita de nouvelles faveurs, on institua la procession du 16 août, jour où l'église honore Saint-Roch, et celle du 9 octobre où elle célèbre le martyre de Saint-Denys ; on porte à cette procession un bras en argent massif (2) qui renferme un fragment du cubitus de notre glorieux protecteur.

Le souvenir de cet événement presque miraculeux (3) demeura dans le pays comme un signe de bénédiction visible. Son annaliste note la pratique continue des bonnes traditions, des mœurs patriarcales et des œuvres de religion. On put dire que le surnaturel en passant sur cette paroisse lui avait laissé un souffle de sainteté, de vitalité chrétienne qui la prémunit contre la décomposition sociale du XVIII° siècle et la garda des haines farouches et des fureurs aveugles de la Révolution.

La dévotion envers Saint-Denys se répandit non seulement à Rognes mais parmi les populations environnantes et le jour de sa fête attirait, il n'y a pas longtemps encore, un concours de fidèles. On l'invoque surtout pour être préservé de la rage et des maladies épidémiques ; quelques *ex-votos* attestaient les guérisons obtenues par son intercession.

---

(1) Lorsqu'on fit à cette époque des réparations à la chapelle et qu'on voulut toucher à la cape de messire d'Alphéran, elle tomba en poussière,
(2) Vendu pendant la Révolution avec l'argenterie de l'église ; ces reliques de Saint-Denis, sont maintenant enfermées dans un bras en bois argenté.
(3) Plusieurs localité voisines de Rognes furent éprouvées par la terrible épidémie : le Puy, Saint-Cannat, Saint-Canadet, etc.

CHAPITRE X

Mœurs et Coutumes locales avant la Révolution.

Nous avons essayé d'esquisser les traits les plus saillants de la vie publique dans la commune de l'ancienne France ; nous voudrions maintenant, pour achever la physionomie générale du pays, entrer dans l'intérieur de ces familles, interroger ces chefs de maison que nous avons vus dans l'exercice modeste de leurs fonctions et leur demander de nous instruire par leur exemple pour la conservation du foyer, pour le maintien de la famille stable, le respect et l'autorité dû aux pères et aux mères et le travail enseigné et pratiqué. Quelles furent les conditions d'existence, les éléments moraux, les principes de sagesse, l'esprit de justice et de prévoyance qui permit à ces familles modèles de devenir les gardiennes de l'ordre moral dans les campagnes et de traverser saines et sauves la crise du XVI° siècle et celle non moins terrible du XVIII° ? Les cadastres communaux, les papiers de famille sont là pour nous apprendre comment se fondèrent les familles de bourgeois, de paysans ménagers, de travailleurs, et par quelle chaîne d'économie et de labeurs journaliers se transmettaient les propriétés avec des traditions d'honneur et de probité.

Ce passé qui gît dans les parchemins poudreux est une école vraiment instructive, une étude pratique. Les testaments et les contrats de mariage des paysans remplacent pour les villageois les livres de raison tenus par les chefs de grande maison et sont comme les jalons qui indiquent la voie prise par eux dans les actes principaux et importants de la vie : ils jettent une vive lumière sur le passé et suffisent pour le faire apparaître dans sa simplicité primitive et ses mœurs patriarcales. Ces actes notariés s'ouvrent tous par une invocation envers Dieu et les contrats de mariage portent que les unions s'accomplissent « par le vouloir de Dieu et pour l'augmentation du genre humain » Malgré ce grave début, l'affection n'en est pas exclue et les sentiments des jeunes gens qui vont s'unir sont aussi traduits par la plume des notaires ; ils disent que « les futurs mariés *d'amour mutuelle* soubz leur foi et serment font promesse réciproque de se prendre pour vrais et loyaux espoux en face de Nôtre Sainte Mére l'Église catholique, apostolique et romaine et en icelle recevoir bénédiction neuvialle (1) ». Il arrive quelquefois que la bénédiction religieuse précède la signature du contrat, il est alors spécifié sur celui-ci que les époux ont reçu la bénédiction nuptiale et les cérémonies accoutumées. Viennent ensuite les questions pratiques et matérielles, elles ne sont que secondaires, mais avec quel soin minutieux, avec quel détail, tout cela est rédigé ! Il n'est pas de jeune fille qui n'apporte avec ses coffres, ses hardes et bijoux, sa dot en numéraire, si modique fût-elle ; nos pères avaient en principe « que la dot est l'unique patrimoine des femmes (2) » et que « toute femme qui prétend en mariage doit être dotée pour plus aisément supporter les charges du mariage. » La question de la dot résolue, elle institue librement son mari, « son procureur général et irrévocable afin de régir, gouverner, administrer ses biens et en jouir autant qu'un mari peut jouir des biens de sa femme. » (3) Les époux se font, en outre, l'un à l'autre, des dons modestes de survie.

Lorsque le fils qui se marie ne doit pas habiter la maison paternelle et se créer un foyer ailleurs, le contrat renferme une autre clause, c'est l'émancipation : le père « met le fils hors de sa puissance paternelle pour contracter, trafiquer, négotier et faire ses affaires à part et acquérir du bien, de la fortune par son labeur et industrie sans que le dit père puisse rien prétendre sur les acquisitions qu'il fera luy faisant donation de tous les acquêts et

---

(1) Contrat de mariage d'André Baragis et de Louise Gras, 26 février 1673.
(2) Contrat de mariage de Dominique Tay et de Claire Baragis, 20 octobre 1745.
(3) Id.

conquêts (1). » Le fils accepte et humblement remercie les auteurs de ses jours.

Souvent le contrat de mariage du premier marié dans la famille règle la position et l'avoir des autres membres, la légitime des filles, la portion due aux fils non encore établis et l'usufruit réservé aux parents. Si ceux-ci ne peuvent donner à leur fille qu'une dot dérisoire, ils s'engagent « pour l'amitié qu'ils lui portent à bailler, dans le courant de l'année, au nouveau ménage : quelques émines de blé ou de seigle et autant de meilloles *de vin pur et rouge.* »

C'est sous de tels auspices, sous la protection céleste et l'appui de parents dévoués et sur les bases solides du droit de propriété que se formaient les générations nouvelles ; celles-ci puisaient dans ces intérieurs où l'on s'aimait et où l'on travaillait, des moyens pour arriver à une heureuse médiocrité. Les enfants, élevés à l'école du foyer domestique, devenaient ces bourgeois qui exerçaient de père en fils les emplois de judicature, ils devenaient ces administrateurs fidèles de la communauté ou ces ménagers dont le cœur était aussi excellent que le corps était robuste et infatigable.

Les testaments font connaître davantage les coutumes de cet ancien régime tant *calomnié*, mais généralement *trop peu connu.* On y voit des pères qui, après avoir inculqué à leurs enfants des principes de droiture et de bien, sont soucieux de leur léguer, outre la paix domestique, une aisance relative ; ils agissent avec équité dans le règlement de leur succession, et il n'y a nul signe de contrainte exercée sur les enfants, c'était moins la loi qui maintenait ces derniers dans l'obéissance que le respect et l'affection ; le sentiment filial inspirait chez les parents la vénération dont ils étaient l'objet. On a travesti ce sentiment et on s'en est servi comme d'une arme contre l'ancien ordre de choses.

Au reste, les faits sont plus éloquents que les raisonnements ; des travaux importants ont éclairé le passé et

(1) Contrat de mariage de Jean Bouyer et d'honnête fille Claire Couteron, 11 juin 1708.

justice lui a été rendue en partie ; il ne nous reste qu'à prouver par quelques citations sommaires que la liberté testamentaire existait au sein des moindres communes de cette Provence démocratique.

Les dispositions religieuses ouvrent habituellement le testament et la formule en varie peu : le testateur rend grâces à Dieu de ce qu'il lui a laissé présentement : « bonne mémoire, ouïe et entendement » ; s'il est malade, on note qu'il est par le vouloir de Dieu, atteint d'infirmité corporelle et que, « pour remplir ses devoirs de bon et fidèle chrétien, il a fait sur son corps le signe de la Sainte-Croix recommandant son âme à Dieu, qu'il prie de tout son cœur, par l'intercession de la Glorieuse Vierge Marie, de tous les Saints et Saintes du paradis, de vouloir lui pardonner toutes les fautes qu'il pourra malheureusement avoir commises jusqu'au dernier moment de sa vie, afin que son âme, se séparant de son corps, puisse être logée dans le royaume des cieux, pour jouir avec eux d'une éternelle félicité. » — Après cette sollicitude vis-à-vis de son âme et ces soins en vue de l'éternité, le testateur s'occupe de la place destinée à son corps après la séparation inévitable : « il ordonne son dit corps être inhumé à la tombe de ses ancêtres où il veut être accompagné de Messieurs les prêtres qui célébreront la messe et diront toutes les prières accoutumées ; il laisse ensuite le soin de ses funérailles à ses héritiers persuadé qu'ils s'en acquitteront du mieux possible, même au dépens de son héritage. » Mais, chose digne de remarque, et qui montre combien était vive la foi de nos pères, d'humbles travailleurs, possédant à peine quelques coins de terre acquis à la sueur de leur front, « ordonnent qu'il soit dit, dans le courant de l'année qui suit leur décès, trente ou cent petites messes pour obtenir le repos de leur âme et de celles de leurs prédécesseurs. » L'usage le plus adopté parmi le peuple était les trentenaires de messes et les legs de six livres en faveur des congrégations. Ces préoccupations spirituelles réglées, suivent les dispositions finales touchant « le bien qu'il a plu à la Providence de leur donner en ce monde. » Le père de famille lègue à « sa chère femme les fruits et usufruits de tout son bien et héritage pour en jouir du tout, sa vie durant, et c'est pour les bons et agréables services qu'elle lui a rendus journellement. » (1) La femme a la jouissance des biens de son mari « tant qu'elle sera en viduité » mais, elle ne peut les dissiper, le père ayant réglé d'avance la part devant échoir à ses fils et la légitime des filles ; il institue son épouse « tutrice et curatrice d'iceux et au surplus, devant nourrir et entretenir sa famille saine et gaillarde. » Pour prévenir toute discussion, toute formalité pénible et laisser plus de *subject* de respect à la mère, le testateur « la décharge de toute confection d'inventaire et rédiction de comptes. » (2) Le souvenir du chef disparu de la maison l'habitait toujours, il la gardait dans la paix domestique et mettait dehors toutes gens de loi. Les témoins de ces testaments sont priés d'en « estre mémoratifs et d'en porter bon et loyal témoignage de vérité s'ils en sont requis. »

Lorsque le père ne laisse que deux fils, l'héritage se divise en deux portions égales, s'il en a davantage, il établit l'aîné dans la maison paternelle avec mission de continuer les traditions qu'il tient lui-même de ses aïeux, de payer la dot de ses sœurs et la portion virile de ses frères, c'est le soutien de la maison, mais quelle charge implique ce titre ! Le droit d'aînesse n'existait pas en Provence, et l'étude des testaments démontre que le sort fait à l'aîné était, au contraire, des plus critiques ; il ne pouvait songer à l'avancement de sa propre famille qu'après avoir pourvu ses frères et ses sœurs ; le père lui remettait, pour ainsi dire, en le mariant, la direction de sa maison et de ses affaires et, lui, demeurait au foyer pour être l'heureux témoin de son œuvre et le complément nécessaire de la nouvelle génération qu'il voyait venir.

Nous avons cité à dessein des textes manuscrits du XVIII° siècle ; on peut juger quel degré de vitalité possédaient encore les populations rurales, sauvées de la corruption par leurs croyances et leurs coutumes ; on peut mesurer aussi, par l'état où se trouvent actuellement la plupart

---

(1) Testament de Dominique Tay, 20 juillet 1769.
(2) Testament d'Antoine Chauvet, 30 décembre 1675.

des communes de France, quels efforts latents, quelle habileté perfide ont dû réunir l'esprit anti-chrétien et socialiste pour saper de tels fondements. Les incrédules diront peut être que c'étaient là des formules vaines et stériles ; nous savons que nos aïeux joignaient la pratique au précepte, et si nous, malheureusement, nous avons le culte des mots, eux, avaient celui des choses. Tout ce qui est grand et beau, tout ce qui était capable de se dévouer était en honneur chez nos pères ; la domesticité était respectée ; les serviteurs étaient comme les seconds membres de la famille, surtout lorsqu'un long usage les y avait attachés, les exemples sont nombreux. (1)

L'uniformité de ces vies d'autrefois était traversée, à de rares intervalles, par des fêtes légendaires procurées par les mariages des fils ou des filles des seigneurs et auxquelles prenait part le village entier. Le récit de ces fêtes a absolument l'air d'un conte, avec la différence, toutefois, que c'est un *conte vrai*. Consuls en chaperon, jeunes gens rangés en compagnies de fusiliers, escortés des tambours et des trompettes, détonations de boites, décharges de mousqueterie, flageolets, danseurs costumés se portant au devant du cortége, (2) compliment aux nouveaux mariés, arcs-de-triomphe aux portes du village, rien ne manque dans la description, pas même le repas de noce où étaient invités les consuls, la bourgeoisie et les capitaines des compagnies ; on n'omet point les tables dressées dans la cour du château pour régaler les fusiliers

---

(1) « Sur les derrières de l'hôtel de mon grand-père qui s'étendait d'une rue à l'autre, il y avait une petite maison basse et sombre qui communiquait avec la grande maison par un couloir obscur. Cette maison servait à loger d'anciens domestiques retirés du service de mon grand-père, mais qui tenaient encore à la famille par de petites rentes qu'ils continuaient de recevoir et par quelques services d'obligeance qu'ils rendaient de temps en temps à leurs anciens maîtres : des espèces d'affranchis romains comme chaque famille a le bonheur d'en conserver. » — Lamartine. *Le manuscrit de ma mère*, p. 39.

(2) Le 3 octobre 1828, Mme de Lamartine relate dans son journal, après un voyage que son fils venait de faire et en rentrant dans sa terre de Monteulot : « ils ont été reçus, comme autrefois les anciens seigneurs. On était venu au-devant d'eux, les femmes en blanc, les hommes, tirant des coups de fusil. » — *Ibid.* p. 272.

et les danseurs, ainsi que le bal qui, après le repas, confondait dans la même joie tout ce monde et où les dames dansaient sans façon avec les paysans, élevés du coup au rang de galants cavaliers.

Mais le paysan n'était pas isolé et regardé comme un paria; lui, d'abord, avait le sentiment de sa dignité d'homme et de chrétien et les classes supérieures ne le considéraient que sous cet aspect; il naissait de ces droits respectifs un autre sentiment que nous ne connaissons plus aujourd'hui, car, si on veut peindre l'état du peuple avant la Révolution, on emploie le mot de servilisme; aucun, n'est, cependant, plus impropre et plus faux. Les rapports entre le seigneur et les vassaux étaient sincères, corrects, et quelquefois officieux; on y cherche vainement l'esprit d'antagonisme; s'il soufflait de loin en loin, dans la direction du château, il était bientôt éteint par la droiture et la conciliation qu'apportaient les consuls dans ces démêlés où le bon sens et la justice triomphaient ordinairement. Encore n'était-ce point leur moindre qualité: ils étaient d'une susceptibilité ombrageuse, d'une jalousie vigilante pour faire respecter leurs priviléges, même sur un motif de préséance; une infraction à ces règles traditionnelles faillit devenir matière à procès (1): le viguier du seigneur voulant avoir la préséance sur les consuls aux funérailles de l'un d'eux.

La Communauté et les seigneurs se rendaient mutuellement service: (2) en 1663, M⁻ de Rognes avait fait des démarches multipliées pour éviter des frais des gens de guerre à la Communauté; celle-ci lui en fut reconnaissante et lui offrit à l'époque de ses couches: « six chapons, six livres de sucre et une boîte de confitures. » Plus tard, Jean

---

(1) Le seul reproche qu'on puisse faire à cette Communauté, c'est de s'être engagée trop facilement dans les procès, à un moment de son histoire, elle en soutenait six ou sept à la fois.

(2) Le trait suivant démontre combien étaient étroits les liens qui unissaient le châtelain au vassal. Jean-Nicolas de Raphelis fit tenir sa fille sur les fonts baptismaux [par deux jeunes gens pauvres du village, auxquels il donna un présent; quelques temps après, ces jeunes gens se mariaient, la nouvelle épouse était dotée par le seigneur et les frais de la noce, payés par lui.

Nicolas de Raphelis, emprunta en son nom et à l'insu des syndics, une somme en faveur du budget de la Commune, pour faire face à des dépenses urgentes. Ce seigneur laissa une mémoire regrettée ; il avait été élu procureur du pays, aux années 1734 et 1762 ; il mourut à Aix en 1775 ; la Communauté fit célébrer un service pour le repos de son âme. Il était d'usage aussi que lorsqu'un membre de la famille seigneuriale décédait dans sa terre de Rognes, les consuls assistaient au convoi funèbre et portaient un flambeau de cire aux armes de la Communauté.

Nos pères avaient le même attachement caractéristique envers les prêtres qui desservaient la paroisse : leur mort était un deuil général, une vraie perte de famille. Un de ces pasteurs vénérés qui avait été vicaire perpétuel de Rognes pendant trente ans, mourut à Pélissanne ; cette nouvelle étant parvenue dans son ancienne paroisse, « tout travail fut interrompu et le Conseil de ville assemblé. » Sur la proposition d'avoir la dépouille mortelle de l'abbé Perrinet, le second consul se rendit à Pélissanne pour la réclamer ; elle reposait déjà dans le caveau de l'église et le curé du lieu, ne put, de sa propre autorisation, donner suite à sa demande. Immédiatement deux requêtes furent présentées au nom de la population de Rognes, l'une, auprès de l'archevêque, l'autre, auprès du Parlement, afin d'obtenir la permission de transporter le corps du défunt à Rognes ; ce qui ne souleva nulle difficulté. On put ainsi faire des obsèques solennelles au regretté pasteur, exposer son corps dans la chapelle des Pénitents et le déposer ensuite sous le sanctuaire de la grande église après que les habitants eurent satisfait leur affection.

D'ailleurs les soins des consuls s'étendaient à tout, rien n'était négligé par leur attention prévoyante. Avant que les enfants du peuple eussent des palais pour école, ils recevaient une instruction convenable, nous en avons vu les preuves dans leur manière d'administrer. En 1664 une subvention de 60 livres est votée par le Conseil en faveur du maître d'école ; elle est de 90 livres en 1697 et de 180 en 1725 ; les commençants qui fréquentaient l'école donnaient une rétribution de 4 sols par mois, ceux qui apprenaient à écrire le français, 5 sols et ceux qui étudiaient l'arithmétique et le latin, 8 sols. Un document de 1686 porte que la maîtresse des filles s'appelait Marie Chapusse, qu'elle était native de Saint-Chamas et très vertueuse ; ses gages consistaient en 8 écus. A cette époque, trois notaires et un greffier résidaient dans le village ; c'était, ce nous semble, suffisant pour des siècles d'ignorance.

Il est temps de clore ces lignes et de finir cette étude où nous avons eu le très vif désir de déposer les gloires de notre cher pays.

Quelques uns diront, peut-être, qu'il nous reste à parler un peu des transformations que notre localité a subies ; mais, outre que personne n'ignore son histoire contemporaine, il nous plaît immensément de nous arrêter sur les cimes des grands siècles, comme aussi aux jours bénis de notre vaillante foi.

Et maintenant, s'il nous est permis, pour mieux fixer notre pensée, d'employer une comparaison, nous laisserons avec un charme bien doux, certes, notre âme entière se reposer et comme s'éteindre sur les versants des âges d'honneur. Nous imiterons en cela le lierre de nos forêts qui s'attache aux chênes séculaires et qui meurt là où il s'est attaché un jour. Nous aussi, encore un coup, après avoir osé faire paraître sur la scène de notre humble commune, son origine, son administration, ses triomphes, ses luttes, ses seigneurs, ses syndics, ses prêtres et par dessus tout sa religion et sa morale austère, après nous être étendu un peu trop pour certains lecteurs, sur toutes ces nobles et saintes choses, nous nous reposerons à l'ombre de ces grands et pieux souvenirs. Le souvenir est une seconde vie dans la vie ; eh bien, nous identifiant pour ainsi dire aux existences d'autrefois, nous quitterons avec moins de regret ce passé si cher à notre âme. — Et puis, en terminant, nous demanderons à la race des dévoués qui nous ont légué des exemples d'abnégation et de sainteté, d'inspirer chez leurs descendants la pratique sérieuse des vertus civiles et surtout des devoirs religieux.

APPENDICE

I

Premiers bienfaiteurs de l'hôpital.

« Roolle des Debtes deulz à la confrairie de la Miséricorde de ce lieu de Rougnes dont mention est faicte des personnes qui ont heu la bonté de faire la charité à icelle estant raisonnable d'en jamais perdre le ressouvenir de leurs dons et bienfaicts se treuvant décédées on sera obligé de dire à leur intention immédiatement quand on les nommera un requiescant *in pacem* affin que le bon Dieu et sa très Saincte-Mère leur aye faict miséricorde et receu leurs âmes dans son sainct nom de paradis.

Dame de Cabanes a donné....................	1200 liv.
Mons M° Charles Prégier.....................	1000
M. Elzias Barlatier, advocat.................	600
Saint-Pierre Arnaud, bourgeois de Rougnes....	100
Gaspard Simon, seigneur de pieguerin d'Aix....	60
M. le procureur Simon, bourgeois de Rougnes.	300
Dame Marguerite de Raphelis d'Agoult, dame de Consernade................................	400
M. Henry Sauvecane, bourgeois d'Aix.........	100
Sieur Anthoine Roumieu, marchand de Marseille	150
Sieur Joseph Barlatier.......................	450

II

Foires à Rognes.

Il se tient trois foires à Rognes, une instituée par suite d'une supplique adressée à François Ier; elle a lieu le 14 septembre, jour de l'Exaltation de la Sainte-Croix; la seconde, le 9 octobre, fête de Saint-Denys, patron du pays, et la dernière, le 25 novembre. Les deux premières sont des fêtes religieuses. mais elles ne sont plus qu'un souvenir de l'éclat et de la solennité avec lequel elles se célébraient anciennement, lorsque les consuls et les abbés de la jeunesse allaient à l'offrande, que l'on jouait des aubades à la croix et que les saintes reliques étaient portées sous le dais soutenu par le viguier et les syndics; le seigneur, l'abbé des hommes mariés, l'abbé de la jeunesse et son lieutenant, revêtus de leur costume, (1) assistaient à la procession pendant laquelle résonnait la fanfare.

III

Principaux faits qui se sont passés à Rognes pendant la Révolution.

1785 — Le dernier seigneur, retiré à Villeneuve-lez-Avignon, vend sa terre de Rognes (estimée 600.000 fr.) et ses dépendances à M. d'Albertas; il meurt bientôt après, laissant une fille qui épouse le marquis de la Tour du Pin.

1789 — Les consuls reçoivent des procureurs du pays, l'ordre de faire encadastrer les biens privilégiés qui se trouvaient dans le terroir, les biens nobles de la seigneurie, ceux de la paroisse, du chap. d'Aix et de quelques forains.

— Monsieur Requier, vicaire perpétuel de Rognes, prête serment à la constitution civile du clergé; il reconnaît qu'on a surpris sa bonne foi et se rétracte, il quitte le pays (2) en le bénissant et disant qu'il n'arriverait aucun malheur et ne se commettrait pas d'excès dans sa chère paroisse.

— Jean Balthasar Requier est remplacé par un de ses vicaires, prêtre assermenté qui, grâces à Dieu, n'était pas natif de Rognes. Nous taisons son nom, porté par une famille honorable des environs.

1790 — Etienne Noël Gras, résigne ses fonctions de maire, Jean Tay lui succède (3).

— Représentation grotesque au sujet de la bénédiction de l'arbre de la liberté, sur la place de la Fontaine. Après que le curé assermenté l'a béni, il ne croit point déroger à la gravité de ses fonctions en dansant avec la chape

---

(1) Il consistait à porter une toque ornée de plumes, deux écharpes en sautoir, l'épée au côté et un bouquet à la main droite. — La fonction des abbés était de présider les jeux populaires et de planter les mai traditionnels.

(1) Il mourut à Luynes, en 1793. Après la Terreur, son corps fut rapporté dans l'église de Rognes.

(2) Nous ne savons pourquoi l'auteur de l'hist. man. de Rognes appelle Jean Tay un révolutionnaire: aucun de ses actes, ni de ses antécédents ne le fait pourtant supposer. Il fut arrêté et traduit à Aix avec Arnaud et Durand, ils demeurèrent deux années en prison, et on allait les conduire à l'échafaud d'Orange; la chute de Robespierre les sauva d'une mort imminente.

autour de l'arbre, il est imité par le maire et les patriotes ; on contraint ensuite les femmes qui entendaient, dans la chapelle du château, la messe de l'abbé Cadet, prêtre non assermenté, à venir, assises sur des ânes, rendre leurs hommages à l'effigie de la République.

— L'intrus fait poster des hommes qui tirent des coups de fusil dans la cour du château, et pendant les cérémonies religieuses, pour effrayer les personnes demeurées fidèles au culte proscrit.

— La sainte messe se célèbre également dans la maison Maria, par le Père Arquier, religieux minime.

1791 — On nomme J.-B. Guion, maire moderne ; procureur de la commune, J.-Ant. Cavaillon. et Joseph Granon Saint-Christophe, juge de paix, Rognes étant chef-lieu de canton.

1793 — L'église paroissiale est érigée en temple de la Raison, les autels sont démontés et placés dans le sanctuaire qu'on couvre de grands rideaux.

— Tous les jours à 10 heures, lecture du haut de la chaire, des Droits de l'homme.

— L'argenterie de la paroisse est envoyée au district.

1796 — Les biens des émigrés sont respectés et leurs noms radiés de la liste.

— Rognes est déchue du titre de chef-lieu de canton et même de celui de Commune ; on ne lui laisse qu'un officier municipal, Albert-P. Jaubert, obligé de se rendre aux conseils municipaux du Puy Sainte-Réparade.

1819 — Vente en détail des biens de la seigneurie.

EN VENTE :

à MARSEILLE, à la Librairie ancienne, rue Paradis,
Et à AIX, chez M. Sardat, place des Prêcheurs.

PRIX : 2 Fr. 50